MEIN Garten Journal

für das Gartenjahr

Falls Du mich findest, schicke mich bitte an diese Adresse

....

....

....

....

WARUM MAN EIN GARTENJOURNAL FÜHREN SOLLTE

Gärtnern kann man lernen, indem man schlaue Bücher liest, Gartensendungen schaut, erfahrene Gärtnerinnen befragt, aber auch indem man Dinge ausprobiert, Bewährtes wiederholt oder Fehler macht und aus diesen lernt. Da im Laufe eines Jahres viel passiert, können Details leicht wieder vergessen werden und man fragt sich vielleicht später: Wie war das noch genau?

Dieses Buch soll Dich inspirieren, Deinen Garten, seine Pflanzen und Tiere, aber auch die Jahreszeiten und das Wetter zu beobachten und zu dokumentieren. Notiere beispielsweise, was Du aussäst, erntest und was blüht. Damit Du Dir die wichtigsten Themen nicht ständig selbst überlegen musst, begleitet Dich das Gartenjournal durch das ganze Jahr und stellt Dir hoffentlich immer wieder passende Fragen. Weiter bietet es Raum, um Ideen und Wünsche zu sammeln oder Projekte zu planen.

Nimm Dir jeweils zum Monatswechsel kurz Zeit, um alles Revue passieren zu lassen. Feiere Deine Erfolge, halte aber auch fest, was nicht so gut lief, da die eigene Erfahrung wirklich der beste Lehrer ist! Wir wünschen Dir ganz viel Freude beim Lesen und vor allem im Garten beim Beobachten, Ausprobieren und Dokumentieren.

Wenn Du magst, zeig uns Dein Gartenjournal in Benutzung bei Instagram mit dem Hashtag #gartenjournal

Herzliche grüne Grüße
Caro (@hauptstadtgarten) und
Lisana (@wildegartenküche)

INHALT

GARTENPLAN

Zeichne hier eine Skizze Deines Gartens von oben. Die Punkte können Dir helfen, alles einzuteilen. Auf diesen Plan kannst Du später immer wieder zurückkommen, etwas nachschauen oder auch ergänzen.

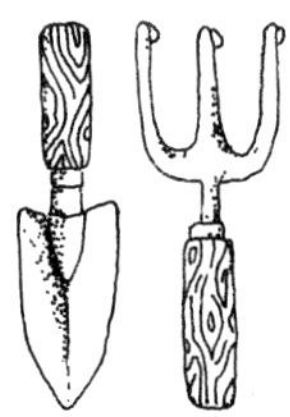

PROJEKTE

Hier kannst Du größere Gartenprojekte planen, wie einen Gemüsegarten zu starten, ein Gewächshaus zu bauen oder einen Teich anzulegen. Schreibe Dir dazu die wichtigsten To-Dos auf – so hast Du immer einen guten Überblick, was in diesem Gartenjahr ansteht.

PFLANZEN WUNSCHLISTE

ZIERPFLANZEN

NUTZPFLANZEN

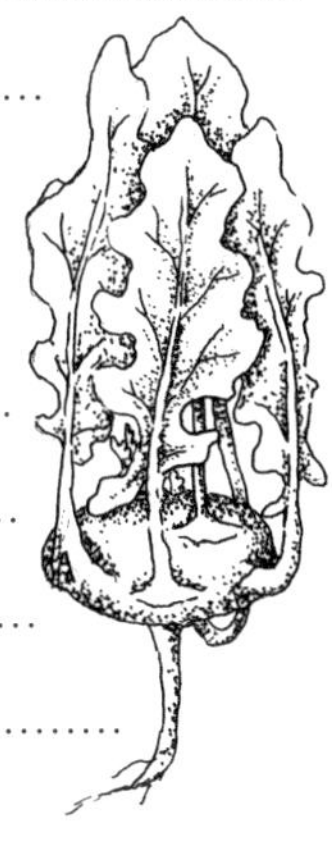

PFLANZPLAN

Zeichne hier Deine Gemüsebeete ein und lege fest, was Du wo pflanzt. Das ist einerseits praktisch, um geeignete Pflanzpartner festzulegen und die Aussaaten entsprechend zu planen, aber vor allem für den Fruchtwechsel im Folgejahr.

AUSSAATTABELLE

Trage in diese Tabelle ein, was Du wann aussäen möchtest. Die Zeitpunkte für Anzucht, Direktsaat und Auspflanzen kannst Du mit Farbstiften markieren.

PFLANZE	JAN	FEB	MÄR	APR	MAI

UN	JUL	AUG	SEP	OKT	NOV	DEZ

JANUAR

GARTENAUFGABEN

Allgemein
- Gartenbücher lesen
- Pläne für die Saison schmieden
- Mischkultur planen
- Saatgut sortieren und bestellen
- Kübelpflanzen an frostfreien Tagen gießen

Vegetative Vermehrung
- Steckhölzer schneiden
- Ableger von Süßkartoffeln durch Vorkeimen gewinnen

Pflanzenschutz
- Fruchtmumien entfernen
- Baumstämme kalken

Ziergarten
- Winterschutz an Rosen kontrollieren
- an frostfreien Tagen Bäume, Sträucher, Hecken schneiden

Direktsaat im Freiland
- Kaltkeimer-Blumensamen

Im Haus vorziehen
- Chili
- Paprika
- Auberginen

PROJEKTE

JANUAR

1

2

3

4

5

6

7

AUFGABEN

AUSSAAT

ERNTE

BLÜTE

TANNENBAUM RECYCELN

Statt den Weihnachtsbaum wegzuwerfen, kannst Du ihn als Frostschutz für Rosen oder immergrüne Gehölze nutzen. Dazu einfach mit der Gartenschere zerkleinern und auf zu schützende Stellen im Beet verteilen.

ZIEL DER WOCHE

....

....

....

JANUAR

8

9

10

11

12

13

14

AUFGABEN

AUSSAAT

ERNTE

BLÜTE

BAUMSTÄMME KALKEN

An sonnigen Tagen kann es bei (jungen) Bäumen zu Spannungsrissen am Stamm kommen, da sich die Sonnenseite stark erwärmt, während die Rückseite winterlich kalt bleibt. Mit einem hellen Kalkanstrich kannst Du vorbeugen.

ZIEL DER WOCHE

....

....

....

JANUAR

15

16

17

18

19

20

21

AUFGABEN

AUSSAAT

ERNTE

BLÜTE

KALTKEIMER AUSSÄEN

Manche Pflanzen wie Schlüsselblume, Rittersporn oder Veilchen benötigen Frost, um den natürlichen Keimschutz der Samen aufzuheben. Jetzt ist ein guter Zeitpunkt, um diese im Garten auszusäen.

ZIEL DER WOCHE

....

....

....

JANUAR

22

23

24

25

26

27

28

AUFGABEN

AUSSAAT

ERNTE

BLÜTE

SCHNEE ALS WINTERSCHUTZ

Schnee dient Pflanzen als natürliche Isolierung gegen Kälte. Eine dicke Schneehaube also besser nur entfernen, wenn sie so schwer ist, dass die Pflanzen durch sie abknicken würden.

ZIEL DER WOCHE

JANUAR

29

30

31

Vielleicht hast Du schon mal festgestellt, dass unsere meteorologischen Jahreszeiten mitunter wenig aussagen, da die Pflanzenentwicklung von Region zu Region und auch von Jahr zu Jahr recht unterschiedlich sein kann. Eine gute Orientierung bietet der phänologische Kalender, der das Jahr nicht in vier, sondern in 10 Jahreszeiten gliedert. Diese richten sich nicht nach einem Datum, sondern nach zyklischen Entwicklungsstadien der Pflanzen. Eine Regel (die viele kennen) ist, die Rosen im Erstfrühling zu schneiden, wenn die Forsythien blühen. Aber auch die anderen phänologischen Jahreszeiten können wir an bestimmten Pflanzen erkennen und unsere Gartenarbeiten entsprechend anpassen.

DIE 10 JAHRESZEITEN

des phänologischen Kalenders

VORFRÜHLING
Die Natur erwacht. Haselnuss, Schneeglöckchen und Salweide beginnen zu blühen. Wir können an frostfreien Tagen Bäume und Sträucher schneiden und, sobald die Erde offen ist, Dicke Bohnen im Freiland säen.

ERSTFRÜHLING
Wir erkennen ihn an der Blüte der Forsythie, der dann Kirsch-, Pflaumen-, Birnen-, Schlehen- und Ahornblüte sowie Blätter von Johannisbeere, Birke, Rotbuche, Linde und Ahorn folgen. Zeit für den Rosenschnitt und die ersten Aussaaten kälteunempfindlicher Gemüse und Salate.

VOLLFRÜHLING
Apfel und Flieder blühen, dann die ersten Himbeeren. Die Eichen bekommen Blätter und das Kraut der Kartoffeln spitzt aus dem Boden. Mit etwas Glück Ernte der ersten Radieschen und Salate aus dem Frühbeet.

FRÜHSOMMER
Gräser, Holunder, Weißdorn und Mohn blühen. Nun dürfen auch wärmeliebende Jungpflanzen wie Tomate, Paprika, Kürbis und Gurke ins Freiland gepflanzt werden. Jetzt ist es sinnvoll, offene Beetflächen als Schutz gegen Austrocknung zu mulchen.

HOCHSOMMER
Sommerlinde, Wegwarte sowie Kartoffeln blühen und die ersten Johannisbeeren sind reif. Nicht vergessen, den Garten auch zu genießen!

SPÄTSOMMER
Frühapfel, Frühzwetschge sowie Vogelbeere sind reif und Heidekraut und Herbst-Anemone blühen. Zeit für den Sommerschnitt an Obstbäumen. Nun können die letzten Wintergemüse wie Feldsalat oder Postelein direkt ins Beet gesät werden.

FRÜHHERBST
Die Herbstzeitlose signalisiert den Frühherbst – Holunderbeeren, Birnen und Zwetschgen sind erntereif. Wer mag, kann jetzt Frühblüher für die kommende Saison pflanzen und Stecklinge von Beerensträuchern schneiden.

VOLLHERBST
Eicheln, Quitten und Walnüsse sind reif. Die Blätter von Kastanien, Rotbuchen, Eichen und Wildem Wein verfärben sich. Spätäpfel sind reif, und die Apfelbäume beginnen ihre Blätter zu verlieren. Zeit, die Rosen anzuhäufeln und Dahlien einzulagern.

SPÄTHERBST
Eichen und Kastanien verlieren ihre Blätter. Wir genießen das herbstliche Licht, machen den Garten winterfest und bringen frostempfindliche Pflanzen ins Winterquartier.

WINTER
Bis auf Winter- und Immergrüne haben nun alle Bäume ihr Laub verloren, und die Natur geht in die Winterruhe. Nicht vergessen, empfindliche immergrüne Gehölze an frostfreien Tagen zu gießen.

JANUAR RÜCKBLICK

WIE WAR DAS WETTER?

WAS HAT GEBLÜHT?

WAS HABE ICH GEERNTET?

ERFOLGSERLEBNISSE

WAS HAT NICHT SO GUT GEKLAPPT?

TIPPS FÜR NÄCHSTES JAHR

MEIN WINTER GARTEN

Klebe hier drei bis vier Lieblingsfotos Deines Gartens ein, damit Du später nachschauen kannst, wie alles ausgesehen hat. Übersichtsfotos einzelner Beete oder ganzer Gartenbereiche sind dabei hilfreicher als Detailbilder von Pflanzen.

FEBRUAR

GARTENAUFGABEN

Allgemeines
- Mulchen als Frostschutz
- Saatgut sortieren & Keimprobe

Vegetative Vermehrung
- Stauden und Gräser teilen
- vergessene Blumenzwiebeln von Frühblühern im Haus vortreiben

Pflanzenschutz
- Wildtriebe (z. B. an Rosen) ausreißen
- Pfirsichbäume gegen Kräuselkrankheit behandeln

Ziergarten
- Winterblüher genießen
- Sträucher aussuchen

Nutzgarten
- aus Baumschnitt Rankgerüste für Erbsen und Bohnen flechten
- Pflanzplan für Gemüsebeete vorbereiten

Direktsaat im Freiland
- Dicke Bohnen

Im Haus vorziehen
- Chili
- Paprika
- Auberginen
- Artischocken
- Physalis
- Wasserspinat

PROJEKTE

FEBRUAR

1

2

3

4

5

6

7

AUFGABEN

AUSSAAT

ERNTE

BLÜTE

VERGESSENE ZWIEBELBLUMEN VORTREIBEN

Zwiebeln von Narzissen, Traubenhyazinthen oder Tulpen, die Du im Herbst vergessen hast zu pflanzen, kannst Du jetzt im Zimmer vortreiben. Als Pflanzgefäße eignen sich Blumentöpfe aber auch Mandarinenkisten, die man mit Vlies oder Folie ausschlägt.

ZIEL DER WOCHE

....

....

....

FEBRUAR

8

9

10

11

12

13

14

AUFGABEN

AUSSAAT

ERNTE

BLÜTE

WEIDENKÄTZCHEN NICHT ABSCHNEIDEN

Weidenkätzchen gehören neben Krokussen zu den ersten Futterpflanzen für Bienen und Hummeln. Schneide sie also besser nicht für die Vase, sondern belasse sie im Garten und freue Dich dort an ihrem hübschen Anblick.

ZIEL DER WOCHE

....

....

....

FEBRUAR

15

16

17

18

19

20

21

AUFGABEN

AUSSAAT

ERNTE

BLÜTE

HECKENRÜCKSCHNITT BIS ENDE DES MONATS

Starker Rückschnitt oder das Entfernen von Heckenpflanzen dürfen (zum Schutz eventuell brütender Vögel) nur von Anfang Oktober bis Ende Februar erfolgen. Sanfte Formschnitte sind aber auch im Sommer möglich.

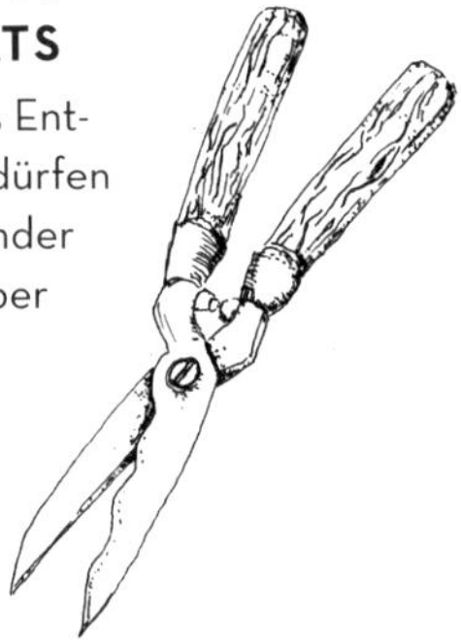

ZIEL DER WOCHE

....

....

....

FEBRUAR

22

23

24

25

26

27

28

AUFGABEN

AUSSAAT

ERNTE

BLÜTE

ANBAU IM FRÜHBEET ODER UNTER VLIES

Jetzt ist die richtige Zeit, um ein Frühbeet aufzustellen. Hier kann sich die Erde durch die Sonneneinstrahlung schneller erwärmen. Ab Anfang März kannst Du dort die ersten kältetoleranten Gemüse aussäen (z. B. Salate oder Radieschen). Alternativ klappt der Anbau unter einem lichtdurchlässigen Vlies.

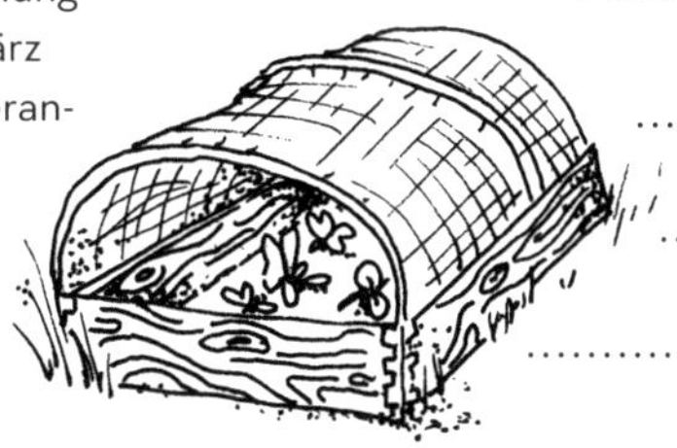

ZIEL DER WOCHE

....

....

....

FEBRUAR

29

MISCHKULTUR TIPPS

1. Verschiedene Arten aus einer Familie (z. B. Kreuzblütler) möglichst nicht kombinieren, da sie den gleichen Schädlingen schmecken.
2. Es ist schwierig, nur Teile eines Beetes zu düngen oder zu wässern. Daher auf ähnlichen Nährstoff- und Wasserbedarf achten.
3. Kartoffeln und Tomaten möglichst weit auseinanderpflanzen, da beide anfällig für Krautfäule sind.
4. Möhren und Zwiebeln sind ein Dreamteam, das gegenseitig Schädlinge fernhalten kann.
5. Bohnen und Erbsen sind gute Nachbarn für viele Arten, passen aber selbst nicht zusammen.
6. Vorab überlegen, ob es Platzkonkurrenz geben könnte und ggf. Flachwurzler (z. B. Salate) mit Tiefwurzlern (z. B. Tomaten) mischen.
7. Salat passt zu fast allen Pflanzen und kann gut als Lückenfüller überall dazwischengepflanzt werden.
8. Tagetes, Ringelblumen und Kapuzinerkresse sind gute Gemüsebegleiter, die viele Schädlinge abwehren.

DIE MISCHUNG MACHT'S

Mischkultur – um was geht's?
Wie auch wir Menschen, verstehen sich nicht alle Pflanzen gleich gut. Während manche gute Nachbarn sind, die einander helfen und sich begünstigen, haben es andere schwerer miteinander. Anfangs können Mischkultur-Regeln abschreckend wirken, aber keine Angst, Du musst keine Pflanzenkombinationen auswendig lernen. Das Wichtigste kann man sich über Prinzipien herleiten oder im Zweifelsfall in einer Tabelle nachschlagen.

Grundprinzipien
Wichtig ist letztlich nur, nicht unbedingt „Feinde" nebeneinanderzupflanzen und nicht über Jahre das Gleiche an einer Stelle anzubauen, da dies Schädlingsbefall und Krankheiten begünstigen könnte. Je regelmäßiger Gemüsearten ihren Platz wechseln, desto besser – auch, um Nährstoffmangel zu vermeiden. Wenn Du Kombinationen entdeckst, die bei Dir gut funktionieren, dann notiere sie und halte unbedingt auch fest, was ggf. nicht so gut geklappt hat.

Bei mir dominieren meist ein bis zwei Leitkulturen das Beet, weil die Pflanzen entweder am meisten Platz einnehmen oder am längsten stehen bleiben. Diesen stelle ich dann passende, möglichst anspruchslose Begleiter zur Seite.

Mischen nach Geschmack
Was gut zusammen schmeckt, harmoniert oft auch im Beet. Lasse Dich also gerne davon leiten, indem Du z. B. Tomaten und Basilikum oder den Klassiker Bohnen und Bohnenkraut kombinierst. Einige Kräuter sind richtig gute Begleiter für Gemüse, denen teilweise sogar aromaverbessernde Eigenschaften zugeschrieben werden.

Fruchtwechsel im Folgejahr
Schreibe Dir am besten auf, was Du wo pflanzt und aussäst und hebe vergangene Pflanzpläne auf, da sie die Planung fürs Folgejahr enorm erleichtern. Du kannst z. B. mit guten Kombinationen einfach ein Beet weiterrücken, oder falls Du Mischkultur in Reihen praktizierst, die Pflanzung jeweils um eine Reihe verschieben.

FEBRUAR RÜCKBLICK

WIE WAR DAS WETTER?

WAS HAT GEBLÜHT?

WAS HABE ICH GEERNTET?

ERFOLGSERLEBNISSE

WAS HAT NICHT SO GUT GEKLAPPT?

TIPPS FÜR NÄCHSTES JAHR

MÄRZ

GARTENAUFGABEN

Allgemeines
- Hochbeet nachfüllen
- Frühbeet vorbereiten und regelmäßig lüften
- Herbstlaub und Winterschutz aus Beeten entfernen
- Regentonne aufstellen
- Kompost sieben und ausbringen

Vegetative Vermehrung
- Kartoffeln vorkeimen

Ziergarten
- sanfter Formschnitt von Hecken
- Rosen schneiden
- Stauden und Gräser schneiden
- Gräser pflanzen
- Rasen mähen, lüften und ab 10 °C Außentemperatur ggf. nachsäen

Nutzgarten
- im Obstgarten mulchen
- abgetragene Vorjahresruten von Himbeeren und Brombeeren bodennah abschneiden
- Ernteverfrühung Rhabarber: Pflanzen mit Tontopf abdecken

Direktsaat im Freiland
- Frühgemüse aussäen und abdecken (Spinat, Radieschen, Rote Bete, Erbsen, Salate, Mangold, Bohnen, Möhren)

Im Haus vorziehen
- Kohlrabi und große Kohlsorten
- Tomaten
- verschiedene Salate
- Kräuter
- Sommerblumen

PROJEKTE

MÄRZ

1

2

3

4

5

6

7

AUFGABEN

AUSSAAT

ERNTE

BLÜTE

GRÜNKOHL-BLÜTEN ERNTEN

Noch auf dem Beet stehende Grünkohlpflanzen bilden nun Blüten. Solange sie noch nicht aufgeblüht sind, kannst Du sie ernten und wie Brokkoli zubereiten, oder mit Öl und etwas Salz anbraten. Einige Exemplare kannst Du auch als Bienenweide und zur späteren Saatgut-Ernte stehen lassen.

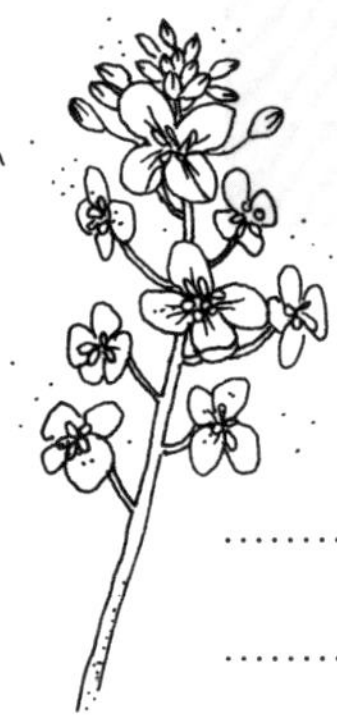

ZIEL DER WOCHE

MÄRZ

8

9

10

11

12

13

14

AUFGABEN

AUSSAAT

ERNTE

BLÜTE

RHABARBER VORTREIBEN

Wenn Du einen sehr großen Tontopf über Deine Rhabarberpflanzen stellst, bekommst Du früher längere und zartere Stängel. Diese Methode nennt man Bleichen – die Pflanze möchte zum Licht wachsen, die Dunkelheit suggeriert ihr aber, dass sie noch unter der Erde ist.

ZIEL DER WOCHE

....

....

....

MÄRZ

15

16

17

18

19

20

21

AUFGABEN

AUSSAAT

ERNTE

BLÜTE

KARTOFFELN VORKEIMEN

Oft treiben Kartoffeln trotz Keimschutzbehandlung ganz ohne Zutun im Korb im dunklen Keller aus. Damit spezielle Saatkartoffeln im April pflanzreif sind, setzt man sie jetzt am besten in Eierkartons und stellt sie aufs Fensterbrett.

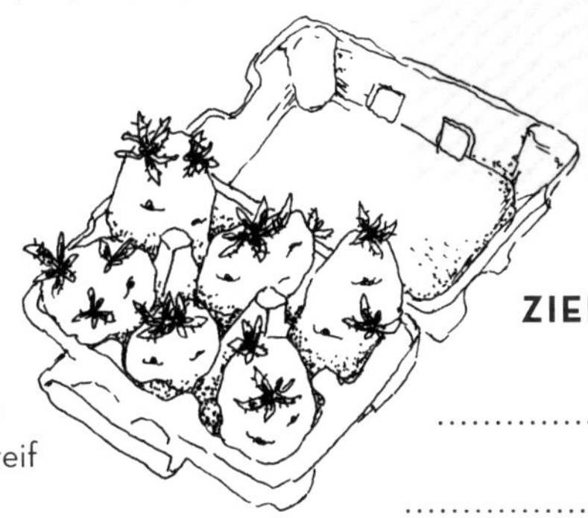

ZIEL DER WOCHE

....

....

....

MÄRZ

22

23

24

25

26

27

28

AUFGABEN

AUSSAAT

ERNTE

BLÜTE

AUSSAATEN MARKIEREN

Man denkt, man kann es sich merken, aber nach ein paar Tagen sind Aussaaten oft vergessen. Praktisch sind frisch geschnittene Zweige, die mit einem Gemüseschäler oder Messer so weit abgetragen werden, dass eine glatte Fläche entsteht. Diese kannst Du mit einem wasserfesten Stift beschriften.

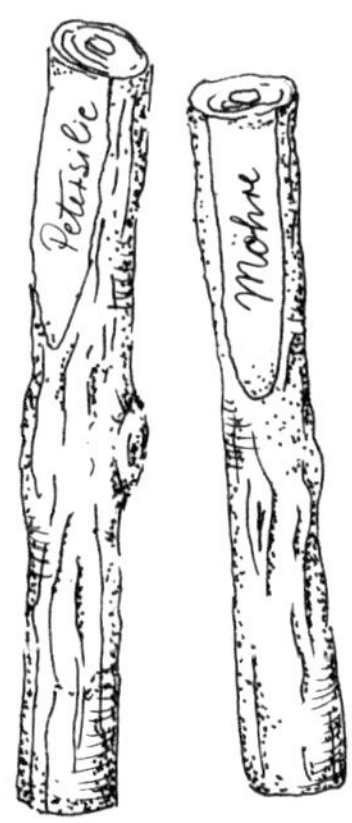

ZIEL DER WOCHE

MÄRZ

29

30

31

TIPPS ZUR AUSSAAT

- Saatgut ab 2 mm Größe am besten über Nacht in lauwarmem Wasser einweichen. So keimt es schneller und zuverlässiger – lohnt sich besonders bei dicken Samen wie Erbsen.
- Bei der Aussaat beachten, ob es sich um Licht- oder Dunkelkeimer handelt. Dunkelkeimer in doppelter Samenstärke mit Erde bedecken. Lichtkeimer (meist Pflanzen mit sehr kleinen Samen) werden nur leicht auf die Erde gedrückt.
- Die meisten Gemüsearten benötigen zur Keimung Wärme (20 bis 25 °C). Falls es in Deiner Wohnung eher kühl ist, kann ein erstes Angießen mit heißem Wasser Chilli-, Paprika- oder Tomatensamen den Start erleichtern.
- Ideal ist zusätzlich ein Kleinklima mit hoher Luftfeuchtigkeit, damit die Samen nicht austrocknen. Die Aussaat daher am besten mit einem umgestülpten Einmachglas abdecken oder in ein Minigewächshaus stellen.
- Saatgut von Kaltkeimern wird oft vorab stratifiziert (einer Kältebehandlung unterzogen). Falls Ihr selbst Saatgut gesammelt habt, könnt Ihr die Aussaat auch für 2 bis 3 Wochen in den Kühlschrank stellen.
- Einige Pflanzen setzt man, sobald sich nach den Keimblättern das erste richtige Blattpaar entwickelt hat, etwas tiefer in die Erde, z. B. beim Vereinzeln. Bei Jungpflanzen-Überschuss jeweils die stärksten Pflänzchen auswählen.

ANZUCHT – SO GEHT'S

Da einige Pflanzen lange brauchen, bis sie Früchte tragen, aber gleichzeitig kälteempfindlich sind, sollte man sie im Haus vorziehen. Für die Anzucht eignet sich mageres, nährstoffarmes Substrat wie spezielle Anzucht- oder Kräutererde. Ich sterilisiere meine Aussaaterde in einer feuerfesten Form vorab für ca. 30 Minuten bei 100 °C im Backofen, um Trauermückenlarven und schädliche Keime abzutöten. Es klappt ebenso in der Mikrowelle – ca. 10 Minuten bei 600 W.

Geeignete Anzuchtgefäße

Man kann in Saatschalen oder gebrauchte Gemüsepackungen aussäen und später vereinzeln oder gleich gezielt kleine Einzeltöpfchen aus Kunststoff oder Ton benutzen.

Jungpflanzen pflegen

Für kompakte und starke Pflanzen die jungen Keimlinge möglichst hell und eher kühl stellen, da sie bei Lichtmangel und viel Wärme lang und dünn werden. Wer nicht genug Tageslicht hat, kann mit LED-Pflanzenlampen nachhelfen. Um Platzproblemen vorzubeugen, nicht alles auf einmal säen, sondern mit robusten Salaten, Kohlrabi etc. beginnen. Sobald die Erde im Garten aufgetaut ist, kommen sie ins Frühbeet. So entsteht im März und April wieder Platz für neue Aussaaten.

Trauermücken loswerden

Winzige schwarze Fliegen, die sich in dauerfeuchter Erde entwickeln und sich leider schnell ausbreiten. Die Larven ernähren sich von Pflanzenwurzeln, was zum Absterben der Jungpflanzen führen kann. Bei Befall schwöre ich auf Nützlinge (Nematoden), die in Form eines feinen Pulvers nach genauer Anleitung ins Gießwasser gegeben werden sowie auf Gelbtafeln zum Wegfangen.

Direktsaat im Freiland

Sobald sich der Boden etwas erwärmt hat, können Wurzelgemüse wie Möhren, Rote Bete, Rettich etc. direkt ins Beet gesät werden, da sie nachträgliches Verpflanzen nicht gut vertragen.

MÄRZ RÜCKBLICK

WIE WAR DAS WETTER?

WAS HAT GEBLÜHT?

WAS HABE ICH GEERNTET?

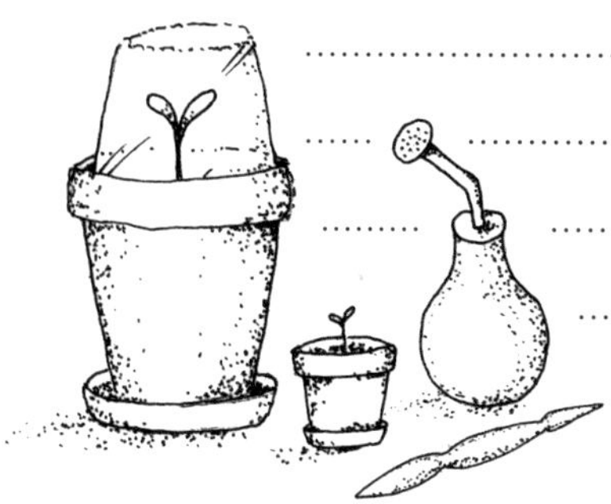

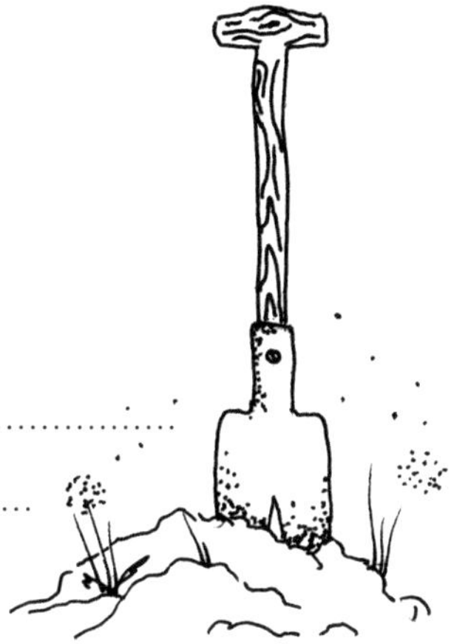

ERFOLGSERLEBNISSE

WAS HAT NICHT SO GUT GEKLAPPT?

TIPPS FÜR NÄCHSTES JAHR

APRIL

GARTENAUFGABEN

Allgemeines
- Mulchen gegen Unkraut
- Unkraut wie Löwenzahn, Giersch und Brennnesseln aufessen
- Trockenmauer anlegen
- Wasser ggf. anstellen

Vegetative Vermehrung
- Kräuterstecklinge schneiden
- Dahlien vortreiben

Pflanzenschutz
- Gartenpflanzen auf Schädlinge und Schneckeneier kontrollieren
- Pflanzenstärkungsmittel ansetzen
- Schädlingsschutznetze anbringen

Ziergarten
- Winterschutz an Rosen entfernen
- Stauden pflanzen
- Staudenbeete jäten und düngen
- Rasen mähen, nachsäen und düngen
- Blumenwiese anlegen

Nutzgarten
- Gemüsebeete jäten
- März-Aussaaten ggf. umtopfen
- ggf. Gemüsepflanzen zukaufen
- überwinterte Kräuter auspflanzen
- Kartoffeln legen
- Erdbeeren pflegen
- Himbeeren pflanzen

Direktsaat im Freiland
- weitere Gemüse, Kräuter, Blumen

Im Haus vorziehen
- Tomaten
- Kürbis
- Gurken
- Zuckermais

PROJEKTE

APRIL

1

2

3

4

5

6

7

AUFGABEN

AUSSAAT

ERNTE

BLÜTE

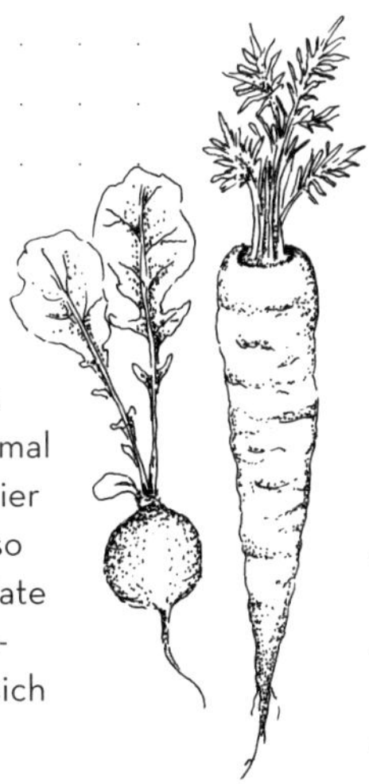

AUSSAAT IN SÄTZEN

Gemüse, das man direkt ins Beet sät, macht mehr Freude, wenn Du nicht alle Samen einer Art auf einmal ausbringst. Säe lieber in drei bis vier Sätzen mit 2 Wochen Abstand – so werden nicht alle Radieschen, Salate oder Möhren gleichzeitig reif, sondern die Ernteperiode erstreckt sich über eine längere Zeit.

ZIEL DER WOCHE

APRIL

8

9

10

11

12

13

14

AUFGABEN

AUSSAAT

ERNTE

BLÜTE

RAPSÖL GEGEN BROMBEERGALLMILBE

Wenn Brombeeren nicht dunkel ausreifen, sondern hart und hellrot bleiben, liegt das meist an der Brombeergallmilbe. Befallene Ranken im Herbst großzügig zurückschneiden und im Hausmüll entsorgen. Im folgenden Frühling die frischen Austriebe mit Rapsöl besprühen. Dazu das Öl lediglich mit so viel Wasser mischen, dass es sprühfähig wird.

ZIEL DER WOCHE

....

....

....

APRIL

15

16

17

18

19

20

21

AUFGABEN

AUSSAAT

ERNTE

BLÜTE

RASEN MÄHEN

In Jahren mit warmen Frühlingsmonaten kann jetzt der Rasen regelmäßig gemäht werden. Schneide ihn allerdings nicht zu kurz, um Vertrocknen bei Sonne zu vermeiden. Lücken kannst Du nachsäen, sobald die Temperatur konstant über 10 °C liegt. Dabei auf regelmäßige Bewässerung achten, denn die Saat darf nicht austrocknen.

ZIEL DER WOCHE

....

....

....

APRIL

22

23

24

25

26

27

28

AUFGABEN

AUSSAAT

ERNTE

BLÜTE

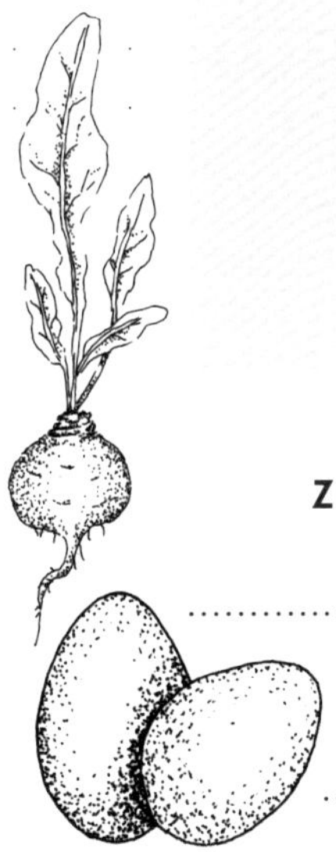

NATURFARBEN FÜR OSTEREIER

Mit Zwiebelschalen (braun), Roter Bete (weinrot), Spinat (grün) oder Rotkohl (blau), kannst Du Ostereier ohne Chemie färben. Dazu drei bis vier Tassen der farbgebenden Zutat in einen Topf mit 1 Liter Wasser geben und für 20 Minuten aufköcheln. Gekochte Eier in den Färbesud legen. Blätter oder Blüten mit Abschnitten alter Feinstrumpfhosen auf den Eiern befestigt, ergeben hübsche Muster.

ZIEL DER WOCHE

APRIL

29

30

BRÜHE ANSETZEN

1. 500 g Schachtelhalm sammeln oder getrocknete Pellets verwenden. 150 g Pellets entsprechen dabei ca. 1 kg Frischpflanzen.
2. Schachtelhalm zerkleinern und mit ca. 5 Liter Wasser in einen großen Topf geben. Über Nacht ziehen lassen. Dann die Mischung erhitzen und für ca. 30 Minuten köcheln lassen.
3. Pflanzenrückstände absieben, Brühe abkühlen lassen und in Flaschen oder Kanister abfüllen. Brühe kühl und dunkel lagern und möglichst schnell verbrauchen.
4. Zur Anwendung im Verhältnis 1:10 mit Wasser mischen und in eine Sprühflasche geben. Pflanzen vorbeugend ca. einmal pro Woche damit einsprühen. Bei bestehendem Pilzbefall mehrere Tage anwenden.

Auch aus Brennnesseln lässt sich eine Brühe ansetzen. Diese muss nicht aufgekocht werden, Du kannst einfach drei bis vier Hände voll Brennnesseln mit ca. 2 Liter Wasser übergießen und für 24 Stunden stehen lassen. Dann absieben, unverdünnt auf die Pflanzen sprühen und komplett verbrauchen.

GARTEN OHNE GIFT

Schädlingsbefall erkennen
Sind irgendwo Eier, Läuse, Raupen, Gespinste oder helle bzw. dunkle Flecken? Befallene Pflanzenteile dann am besten entfernen und in den Hausmüll geben. Ggf. einen Teil der Wurzeln freilegen und prüfen, ob die Pflanze noch fest im Boden verankert ist, ebenso nach Eiern oder Larven schauen.

Tipps gegen Schädlingsbefall
Stärke das natürliche Gleichgewicht im Garten, denn Schädlinge dienen Nützlingen als Nahrung und erledigen sich so oft von selbst. Schnecken kann ein abgekanteter Blechzaun abhalten. Am besten nur morgens wässern und mit Holzhäcksel, Wurmfarn oder Schafwolle mulchen. Bei feuchtem Wetter abends durch Absammeln eindämmen.
Läuse haben viele natürliche Feinde, Du kannst sie aber auch mit einem mittelharten Wasserstrahl abspülen, vorsichtig zerdrücken oder mit einem Gemisch aus Wasser und einigen Tropfen Neem-Öl oder Spülmittel besprühen. Parallel gegen begleitende Ameisen vorgehen: Im Gemüsebeet hilft häufiges Gießen, an Bäumen und Sträuchern helfen Leimringe.
Bei Kohlweißlingen, aber auch Kohl-, Möhren- und Zwiebelfliegen, verhindern feinmaschige Netze (< 1 mm Maschenweite) die Eiablage. Bei einem Befall im Vorjahr den Anbau betroffener und verwandter Kulturen auf der Fläche für mindestens 2 Jahre vermeiden, da eventuell noch Larven aus der Erde schlüpfen.

Krankheiten vermeiden und behandeln
Viele Blattkrankheiten sind Pilze. Deshalb resistente Sorten wählen und die Pflanzen nicht zu eng setzen, damit sie nach Regen schnell abtrocknen. Beim Düngen weniger Stickstoff einsetzen, da sonst viel weiche, anfällige Blattmasse gebildet wird. Schachtelhalm enthält Kieselsäure, die als Spritzbrühe, regelmäßig angewendet, das Pflanzengewebe stärkt. Brühen zur Schädlingsabwehr und Jauche als Dünger kann man auch aus Brennnesseln, Knoblauch, Beinwell und Rainfarn ansetzen.

APRIL RÜCKBLICK

WIE WAR DAS WETTER?

WAS HAT GEBLÜHT?

WAS HABE ICH GEERNTET?

ERFOLGSERLEBNISSE

WAS HAT NICHT SO GUT GEKLAPPT?

TIPPS FÜR NÄCHSTES JAHR

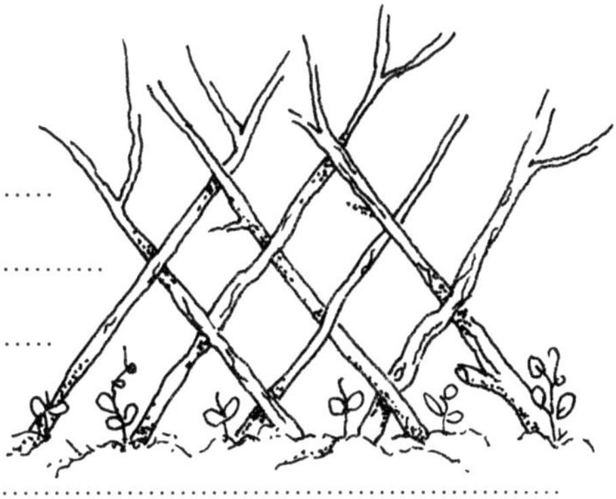

MEIN FRÜHLINGS GARTEN

MAI

GARTENAUFGABEN

Allgemeines
- automatische Bewässerung installieren und Ollas eingraben
- Junge Bäume regelmäßig gießen
- Unkraut jäten und Beete mulchen

Ziergarten
- Rasen gelegentlich mähen
- verblühte Blütenstände von Zwiebelblumen abschneiden, Laub aber stehen lassen
- junge Triebe von Stauden und Blumen für bessere Verzweigung entspitzen (pinzieren)
- Rosenpflege: Wildtriebe ausreißen, Ranken ggf. anbinden
- frostempfindliche Blumen nach den Eisheiligen auspflanzen
- Stauden mulchen und stützen
- Dahlien und Gladiolen pflanzen
- einjährige Kletterpflanzen ins Beet setzen

Nutzgarten
- erstes Gemüse ernten
- vorgezogene Gemüse-Jungpflanzen stundenweise abhärten
- nach den Eisheiligen Gemüse-Jungpflanzen ins Beet setzen
- Hülsenfrüchten Rankgerüste geben
- Kartoffeln mulchen oder anhäufeln
- Kräuter regelmäßig entspitzen
- Erdbeeren mit Stroh mulchen und regelmäßig gießen

Direktsaat im Freiland
- Nachsaat auf freien Flächen, z. B. Salate, Radieschen, Möhren

Im Haus vorziehen
- Winterkohlsorten wie Rosenkohl, Grünkohl, Palmkohl

PROJEKTE

MAI

1

2

3

4

5

6

7

AUFGABEN

AUSSAAT

ERNTE

BLÜTE

NÜTZLINGE ERKENNEN

Einige Helfer im Garten wie Schweb- oder Florfliegen sowie Marienkäfer (-larven) könnte man auch für Schädlinge halten. Schau Dir deshalb Abbildungen oder Fotos der verschiedenen Stadien vom Ei über die Larve bis zum fertigen Insekt an, damit Du sie im Garten erkennst und nicht versehentlich absammelst, wegschneidest oder abspülst.

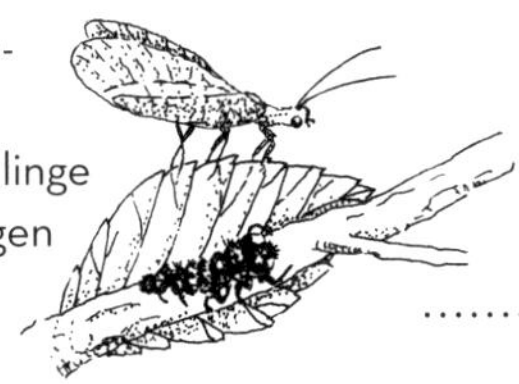

ZIEL DER WOCHE

MAI

8

9

10

11

12

13

14

AUFGABEN

AUSSAAT

ERNTE

BLÜTE

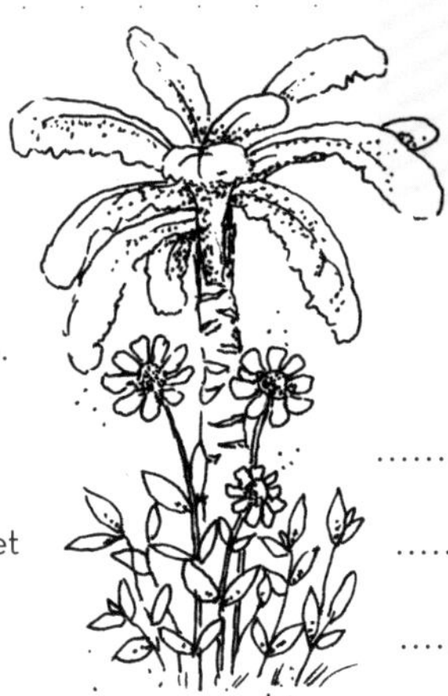

MANGOLD UND PALM-KOHL IM BLUMENBEET

Zier- und Gemüsegarten musst Du nicht unbedingt strikt trennen. Blumen im Nutzgarten sorgen für eine gute Bestäubung und umgekehrt machen Pflanzen wie Palmkohl oder Mangold im Blumenbeet durch Farbe und Blattstruktur eine gute Figur.

ZIEL DER WOCHE

....

....

....

MAI

15

16

17

18

19

20

21

AUFGABEN

AUSSAAT

ERNTE

BLÜTE

OLLAS ALS WASSERSPEICHER

Zwei unglasierte Blumentöpfe kannst Du zusammenkleben und als nachhaltigen Wasserspeicher z. B. zwischen Tomaten im Beet vergraben. Über das obere Loch wird die Olla mit Wasser befüllt, das langsam durch die Oberfläche des Tontopfes in die Erde diffundiert (siehe auch S. 98).

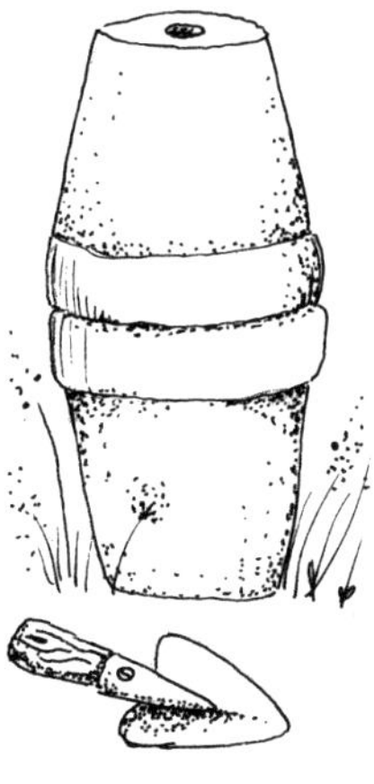

ZIEL DER WOCHE

....

....

....

MAI

22

23

24

25

26

27

28

AUFGABEN

AUSSAAT

ERNTE

BLÜTE

CHELSEA CHOP

Viele Blühstauden wie Phlox oder Astern haben im Mai schon gut ausgetrieben. Wenn Du jetzt einen Teil der Triebe um ca. die Hälfte stutzt, wachsen die Pflanzen buschiger, fallen nicht so leicht auseinander und blühen versetzt: erst die ungeschnittenen Triebe, einige Wochen später die gekürzten.

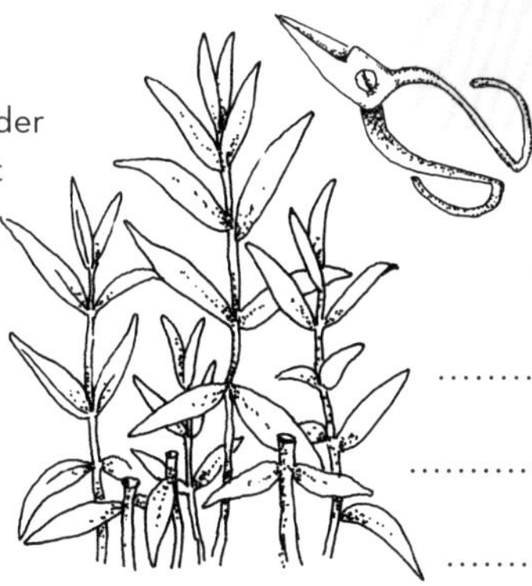

ZIEL DER WOCHE

MAI

29

30

31

DIE EISHEILIGEN

Temperaturdifferenzen zwischen dem warmen Festland und den kälteren Ozeanen erzeugen Tiefdruckgebiete und verursachen eine Verschiebung der Luftmassen. Dadurch kommen manchmal eiskalte Luftströme von den Polargebieten zu uns. Bei wolkenlosem Himmel können deshalb im Frühling noch (Nacht-)Fröste auftreten. Besonders häufig wurde dieses Kältephänomen früher Mitte Mai beobachtet und nach den Namenstagen der entsprechenden Heiligen benannt.

Die Eisheiligen im Mai

1. Mamertus, Bischof von Vienne – 11.5.
2. Pankratius, frühchristlicher Märtyrer – 12.5.
3. Servatius, Bischof von Tongeren – 13.5.
4. Bonifatius, frühchristlicher Märtyrer – 14.5.
5. Sophia – die „kalte Sophie"–, frühchristliche Märtyrin – 15.5.

Wichtig für Hobbygärtner: Erst nach den Eisheiligen dürfen alle kälteempfindlichen Jungpflanzen ins Freiland umziehen.

AB INS FREILAND

Jungpflanzen abhärten

Jungpflanzen muss man vor dem Umzug ins Beet einige Zeit abhärten. So gewöhnen sie sich an kühle Temperaturen, aber vor allem an das starke Sonnenlicht. Stelle sie dazu an warmen Tagen für eine Stunde ins Freie und steigere die Dauer tageweise. Abends kann eine Erinnerung im Handy helfen, sie nicht versehentlich draußen zu vergessen.

Beete vorbereiten und bepflanzen

Eventuell vorhandenes Unkraut entfernen, möglichst ohne Wurzelreste zu hinterlassen und die Beete ggf. mit Kompost oder frischer Erde auffüllen. Jungpflanzen nach Pflanzplan auf die Fläche setzen und mit dem Einpflanzen erst beginnen, wenn alles verteilt ist. Zwischen Pflanzen mit langer Kulturdauer, die später größer werden wie Kohl, Fenchel oder Sellerie säe ich gerne Pflücksalat. Wenn die Hauptkulturen später Platz brauchen, ist der Salat bereits abgeerntet. Bei zu enger Pflanzung riskiert man schlechtere Erträge (Platz- und Lichtmangel) sowie die Ausbreitung von Schädlingen und Krankheiten. Ich setze daher so dicht, dass wenig Boden offenliegt, die ausgewachsenen Pflanzen aber später noch gut nebeneinander passen. Mache Dir Notizen, um im Laufe der Zeit für Dich optimale Abstände zu ermitteln. Auch die Pflanztiefe spielt eine Rolle. Während Kürbis, Gurken und Tomaten gerne tiefer gesetzt werden, darf man Kohlrabi nicht zu tief pflanzen, da er sonst keine Knollen bildet. Vorgezogene Salatpfänzchen nur aufs Beet stellen und ggf. leicht hineindrücken, so liegen die äußeren Blätter später nicht direkt auf der Erde auf. Pflanzlöcher abschließend mit Erde auffüllen und eine kleine Vertiefung lassen, damit das Wasser beim Gießen nicht seitlich wegläuft, sondern zur Pflanze hinfließt. Wer mag, kann Ollas (siehe S. 98) eingraben oder einen Tropfschlauch mitverlegen. Immer gründlich angießen und in den kommenden Tagen auf regelmäßige Wassergaben achten. Die Jungpflanzen bei starker Sonneneinstrahlung ggf. mit einem Tuch oder Vlies beschatten.

MAI RÜCKBLICK

WIE WAR DAS WETTER?

WAS HAT GEBLÜHT?

WAS HABE ICH GEERNTET?

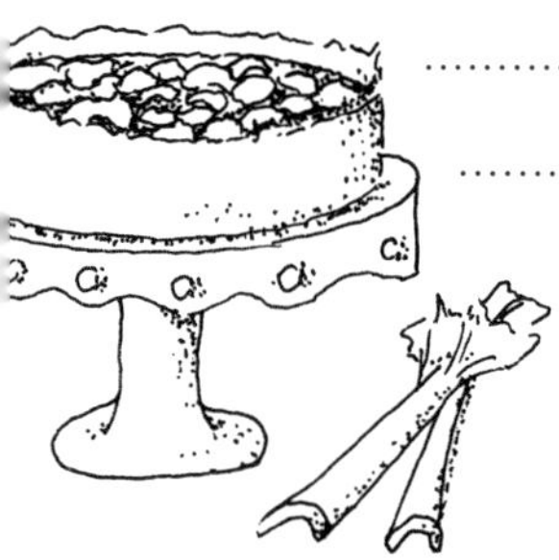

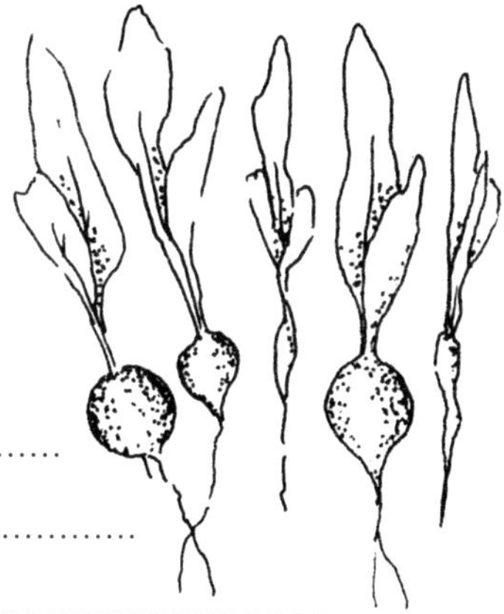

ERFOLGSERLEBNISSE

WAS HAT NICHT SO GUT GEKLAPPT?

TIPPS FÜR NÄCHSTES JAHR

JUNI

GARTENAUFGABEN

Allgemeines
- den Garten auch genießen
- Pflanzen regelmäßig bewässern
- bei Trockenheit Kompost gießen
- Gewächshaus ggf. schattieren und lüften

Vegetative Vermehrung
- Stecklinge von Gehölzen nehmen

Pflanzenschutz
- Pflanzenbrühen als Stärkungsmittel spritzen, Pflanzenjauchen als Dünger ansetzen
- kranke Pflanzenteile entfernen und in den Hausmüll geben
- Nützlinge gegen Apfel- und Pflaumenwickler ausbringen

Ziergarten
- Rasen ggf. bewässern und düngen
- Rhododendron-Blüten entfernen
- Rosen düngen, gießen, ausputzen
- Flieder nach der Blüte schneiden
- Kletterpflanzen aufbinden

Nutzgarten
- Tomaten anbinden und ausgeizen
- Brokkoli-Blüte ernten und nachwachsen lassen
- Blattkräuter vor der Blüte ernten
- Sommerschnitt an Obstbäumen
- Beeren ernten, einkochen, einfrieren oder als Rumtopf ansetzen
- Holunderblüten ernten
- Rhabarber nur bis 21. Juni ernten

Direktsaat im Freiland
- zweijährige Blumen (z. B. Nelken, Stockrosen, Silberblatt) und Coolflowers (z. B. Mohn, Skabiose, Jungfer im Grünen)

Vorziehen
- hitzeresistente Salatsorten für den Hochsommer

PROJEKTE

JUNI

1

2

3

4

5

6

7

AUFGABEN

AUSSAAT

ERNTE

BLÜTE

APFELWICKLER UND PFLAUMENWICKLER

Würmer in Äpfeln und Quitten, aber auch in Pflaumen oder Mirabellen, sind Larven von Apfel- und Pflaumenwickler. Die Flugzeiten der Männchen kannst Du mit einer Pheromonfalle bestimmen. Bei der Bekämpfung helfen Nützlinge (Trichogramma Schlupfwespen), die den Befall im Folgejahr deutlich reduzieren können, wenn man sie im Sommer in den Bäumen aufhängt.

ZIEL DER WOCHE

....

....

....

JUNI

8

9

10

11

12

13

14

AUFGABEN

AUSSAAT

ERNTE

BLÜTE

ZWEIJÄHRIGE BLUMEN AUSSÄEN

Einige Blumenarten wie Stockrosen, Silberblatt oder Fingerhut bilden im ersten Standjahr nur eine (winterharte) Blattrosette und blühen dann im Folgejahr. Der Juni ist ideal, um sie im Garten auszusäen.

ZIEL DER WOCHE

....

....

....

JUNI

15

16

17

18

19

20

21

AUFGABEN

AUSSAAT

ERNTE

BLÜTE

EINFRIEREN ALS NOTFALLPROGRAMM

Wenn sehr viel Obst gleichzeitig reif ist: einfrieren! Früchte dazu auf einem Backblech ausbreiten, in die Kühltruhe geben und dann in Gefrierbeutel füllen. So verklebt nichts und Du kannst die Früchte portionsweise entnehmen. Bei Pflaumen und Kirschen das Entsteinen vorher nicht vergessen, da man gefrorenen Früchten die Kerne nur schwer entnehmen kann.

ZIEL DER WOCHE

....

....

....

JUNI

22

23

24

25

26

27

28

AUFGABEN

AUSSAAT

ERNTE

BLÜTE

EINCREMEN ALS HANDSCHUHERSATZ

An der Hornhaut von Händen und Füßen kann sich Erde absetzen und geht ggf. nur mit Waschpaste und Bürste wieder ab. Ich habe mit regelmäßigem Eincremen gute Erfahrungen gemacht. Wer mag, kann Gartenhandschuhe tragen, aber etwas Erde unter den Nägeln gehört im Sommer ja auch zum coolen Look.

ZIEL DER WOCHE

....

....

....

JUNI

29

30

OLLAS BASTELN

Material
Unglasierte Blumentöpfe mit 15 cm Innendurchmesser, farbloses lebensmittelechtes Silikon als Kleber, eine kleine Fliese oder flache Tonscherbe (etwas größer als das Abzugsloch des Topfes), Schälchen mit kaltem Wasser und einigen Tropfen Spülmittel.

Anleitung

1. Gib einen Streifen Silikon kreisförmig auf die Unterseite der Tonscherbe und klebe sie innen über das Loch eines Topfes, um es zu verschließen. Das Loch des zweiten Topfes bleibt offen, da man dort später das Wasser einfüllt.
2. Spritze einen mitteldicken Silikonstreifen auf den oberen Topfrand und setze den zweiten Topf genau passend darauf.
3. Einen Finger in kaltes Spüliwasser tauchen und herausquellendes Silikon gleichmäßig verstreichen. So verfugt man den gesamten Spalt, ggf. muss man dazu an einigen Stellen noch zusätzliches Silikon auftragen. Für einige Stunden, am besten über Nacht, trocknen lassen.
4. Die fertigen Ollas so im Beet vergraben, dass nur noch ca. 2 bis 3 cm herausschauen. Über das offene Loch im oberen Topf mit Gartenschlauch oder Gießkanne Wasser einfüllen.

NACHHALTIG GIESSEN

In den vergangenen Jahren waren Trockenheit und effektive Bewässerung große Themen, die uns wahrscheinlich auch zukünftig begleiten. Im Sommer benötigen sowohl Zier- als auch Nutzpflanzen regelmäßig Wasser, um gut zu gedeihen: im Boden vorhandene Nährstoffe werden in Wasser gelöst über die Wurzeln aufgenommen und durch die Leitungsbahnen zu den unterschiedlichen Pflanzenteilen (Blätter, Blüten und Früchte) transportiert.

Wasser sparen

Am besten ist es, Regenwasser zu sammeln. Es enthält weniger Kalk, und die Temperatur entspricht der Umgebung. Mehrere Regentonnen mit Überlauf, ein großer IBC-Tank oder eine eingelassene Zisterne sichern einen guten Vorrat. Achte beim Wassersammeln auf die Dacheindeckung, da Rückstände von Teerpappe oder Bitumen nichts im Gemüsebeet verloren haben. Weiche dann ggf. auf Brunnen- oder Leitungswasser aus. Eine dicke Mulchschicht aus Heu, Holzhäcksel oder Schafwolle schützt gegen Austrocknung, Ollas dienen als Wasserreservoir im Beet.

Richtig gießen

Da Pflanzenwurzeln das Wasser suchen, kann man sie erziehen in die Tiefe zu wachsen. Wenn Du nur oberflächlich gießt, wachsen die Wurzeln auch nur an der Oberfläche, wo sie schneller austrocknen. Deshalb lieber zweimal pro Woche (idealerweise morgens) lange und durchdringend gießen, als täglich ein bisschen. Eine Spatenprobe hilft: Falls die Erde nach dem Gießen in 30 cm Tiefe noch trocken ist, noch mehr bewässern! Ich nutze einen Gießstab, mit dem ich bequem den Fuß der Pflanze erreiche. So verdunstet kaum Flüssigkeit, und die Blätter der Pflanzen bleiben trocken.

Automatische Bewässerung

Gerade in trockenen Sommern kann sie das Leben erleichtern. Dazu einen Bewässerungscomputer installieren, der Gemüse und Stauden zur idealen Zeit automatisch gießt.

JUNI RÜCKBLICK

WIE WAR DAS WETTER?

WAS HAT GEBLÜHT?

WAS HABE ICH GEERNTET?

ERFOLGSERLEBNISSE

WAS HAT NICHT SO GUT GEKLAPPT?

TIPPS FÜR NÄCHSTES JAHR

JULI

GARTENAUFGABEN

Allgemeines
- Pflanzen weiterhin regelmäßig und durchdringend gießen

Vegetative Vermehrung
- mehrjährige Kräuter durch Stecklinge oder Absenker vermehren
- Beeren vermehren: Himbeeren und Brombeeren durch Absenker, Johannis- und Stachelbeeren durch Stecklinge
- Erdbeerkindel einpflanzen

Pflanzenschutz
- Bäume und Sträucher ggf. gegen Mehltau behandeln
- Befall von Pflaumenrost und Brombeergallmilbe durch Pflanzencheck vorbeugen
- gegen Apfelwickler: Wellpappengürtel an- und Granulosevirus ausbringen

Ziergarten
- Stauden das letzte Mal düngen
- Sommersträuße pflücken und ggf. Blüten pressen
- verblühte Blumen regelmäßig ausputzen und ggf. düngen

Nutzgarten
- Fenchel und Stangensellerie anhäufeln
- Bohnen, Erbsen und Zucchini regelmäßig durchpflücken
- stark wachsende Blattkräuter düngen
- Sommerschnitt an Obstbäumen und letzte Düngergabe
- Weinreben hochbinden und neue Triebe einkürzen
- überzählige Erdbeerableger (Kindel) entfernen

Direktsaat im Freiland
- abgeerntete Beete neu nutzen: für Wintergemüse und -salate wie Radicchio, Feldsalat, Postelein

PROJEKTE

JULI

1

2

3

4

5

6

7

AUFGABEN

AUSSAAT

ERNTE

BLÜTE

AUSTROCKNUNG VON KÜBELN VORBEUGEN

In heißen Sommern trocknet die Erde von Kübelpflanzen ggf. schnell aus. Eine Mulchschicht kann Abhilfe schaffen. Wem Heu oder Stroh zu unordentlich aussieht, kann die Erde mit Moos, Schafwolle oder mittelgroßen Steinchen bedecken.

ZIEL DER WOCHE

JULI

8

9

10

11

12

13

14

AUFGABEN

AUSSAAT

ERNTE

BLÜTE

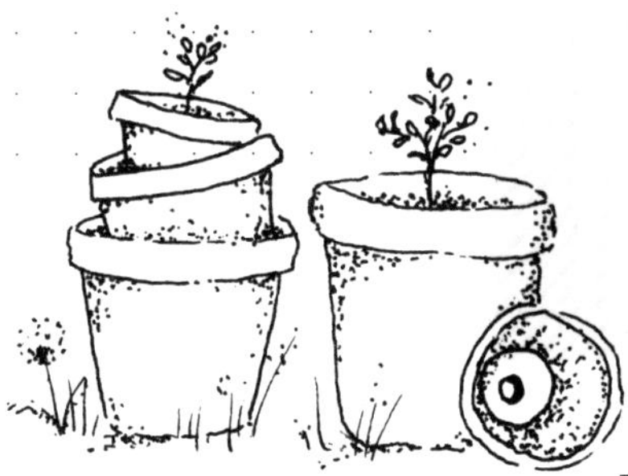

WINTERGEMÜSE IM TOPF PARKEN

Wenn im Juli noch kein Beet frei geworden ist, kann man Jungpflanzen von Wintergemüsen wie Rosenkohl oder Palmkohl noch einige Wochen im Kübel „parken“. Nur bitte nicht bei Wurzelgemüse wie Möhren oder Pastinaken anwenden, da sie nicht umgepflanzt werden sollten.

ZIEL DER WOCHE

....

....

....

JULI

15

16

17

18

19

20

21

AUFGABEN

AUSSAAT

ERNTE

BLÜTE

ANGEHÄUFELTE KARTOFFELN GIESSEN

Um die angehäufelten Wälle im Kartoffelbeet beim Gießen nicht zur Seite wegzuspülen, gießt man am besten in die Senke zwischen den Wällen – auch so erreicht man gut die Pflanzenwurzeln.

ZIEL DER WOCHE

JULI

22

23

24

25

26

27

28

AUFGABEN

AUSSAAT

ERNTE

BLÜTE

MEHR AROMA IN BLÜTENKRÄUTERN

Um das beste Aroma mitzuernten, empfiehlt es sich, die Kräuter an einem warmen, trockenen, schattigen Vormittag zu schneiden. Ein guter Zeitpunkt sind die Morgenstunden nach einigen sonnigen Tagen, denn dann sind besonders viele ätherische Öle enthalten.

ZIEL DER WOCHE

....

....

....

JULI

29

30

31

Blumen aus dem eigenen Garten für die Vase zu schneiden, kann sehr viel Freude machen. Ernte sie im knospigen Stadium, bevor sie komplett aufgeblüht sind und entferne im unteren Bereich alle Blätter, da sie im Wasser faulen würden. Stiele mit einem scharfen Messer statt mit der Schere anschneiden, da sonst ggf. die Leitungsbahnen gequetscht werden, was den Wassertransport behindert. Holzige Stiele schneidet man kreuzförmig ein, um die Wasseraufnahme zu verbessern. Wird das Wasser in der Vase alle 1 bis 2 Tage gewechselt, verlängert sich die Lebensdauer der Blumen. Stelle den Strauß an einen hellen Platz, aber nicht in die pralle Sonne, oder direkt neben eine Obstschale.

ERNTE HALTBAR MACHEN

Oft sind viele Tomaten, Gurken, Zucchini und Beeren gleichzeitig reif, selbst wenn man Aussaaten klug verteilt hat. Durch Hitze, Kälte, Salz, Zucker, Luftabschluss oder das Entziehen von Wasser kann man das Wachstum von Bakterien stoppen und die Ernte haltbar machen. Statt spezieller Einmachgläser kannst Du auch Schraubgläser sammeln.

Einfrieren
Gemüse putzen, für 1 bis 2 Minuten in sprudelnd kochendes Wasser geben (blanchieren) und kalt abschrecken. So bleiben Vitamine erhalten und das Gefriergut ist länger haltbar. Zucchini nicht blanchieren, lieber raspeln und einfrieren. Obst waschen, abtropfen lassen, ggf. entsteinen und einfrieren.

Dörren
Obst oder Gemüse für einige Stunden in einen Dörrapparat geben. Es klappt auch im Backofen (bei ca. 60 °C und mittels Kochlöffel leicht geöffneter Ofentüre). Abkühlen lassen und luftdicht verpacken.

Heiß abfüllen
Marmelade und gesüßtes Kompott wird haltbar durch die Kombination von Zucker und Hitze. Im Glas bildet sich zusätzlich ein Vakuum, dabei unbedingt auf Sauberkeit achten und sofort nach dem Kochen abfüllen.

Einkochen („Einwecken“)
Obstmus, das nicht schnell verbraucht wird, kann man haltbar machen. Dazu ein tiefes Backblech mit den verschlossenen Gläsern bestücken, in den Ofen stellen, kochendes Wasser hineingießen bis es 3 cm hoch steht und ca. 30 Minuten bei 100 °C sterilisieren. Gemüse immer einkochen, da sich sonst gefährliche Keime (Botulismus) bilden könnten. Eine Einkochtabelle hilft bei den Zeiten.

Fermentieren
Außer Sauerkraut klappen auch andere Gemüsearten. Milchsäurebakterien schaffen ein saures Millieu gegen Schimmel & Co. Basis für alle Fermente sind eine 2%ige Salzlake und Luftabschluss, am besten im Bügelglas.

JULI RÜCKBLICK

WIE WAR DAS WETTER?

WAS HAT GEBLÜHT?

WAS HABE ICH GEERNTET?

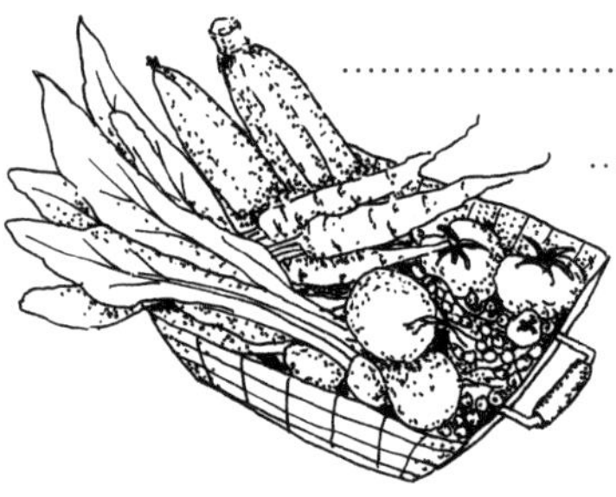

ERFOLGSERLEBNISSE

WAS HAT NICHT SO GUT GEKLAPPT?

TIPPS FÜR NÄCHSTES JAHR

MEIN SOMMER GARTEN

AUGUST

GARTENAUFGABEN

Allgemeines
- Saatgut von Lieblingssorten sammeln und trocknen
- weiter auf gute Bewässerung achten

Pflanzenschutz
- Wellpappegürtel abnehmen
- bei Pflaumenrost Falllaub beseitigen und Anemonen als Zwischenwirte verbannen
- bei Befall mit Brombeergallmilben abgetragene Ruten zeitig abschneiden und entsorgen

Ziergarten
- Blumen regelmäßig ausputzen, um Blühfreude zu erhalten
- ab jetzt früh blühende Zwiebelblumen pflanzen

Nutzgarten
- Tomaten weiter ausgeizen und letztes Mal düngen, neue Blüten ab Mitte des Monats entfernen
- Starkzehrer wie Kohl ggf. düngen
- für große Kürbisse neue Blüten und Haupttrieb kappen
- Lauch anhäufeln und düngen
- Winterkohl und -salate in abgeerntete Beete pflanzen
- Kartoffeln ernten und einlagern
- Zwiebeln ernten, wenn das Laub welk wird
- Kräuter ernten und trocknen oder einfrieren, Düngung einstellen
- erste Äpfel und Birnen ernten
- Rhabarber mit Kompost versorgen

Direktsaat im Freiland
- letzte Wintergemüse
- Gründüngung

PROJEKTE

AUGUST

1

2

3

4

5

6

7

AUFGABEN

AUSSAAT

ERNTE

BLÜTE

MEHLTAU BEHANDELN

Feuchtigkeit und Wärme bieten der Entwicklung von Mehltau ideale Bedingungen. Befallene Pflanzen auslichten, damit sie nach Regen gut abtrocknen können, kranke Blätter abschneiden und entsorgen und ggf. über 2 bis 3 Wochen jeweils einmal wöchentlich mit einer Mischung aus Milch und Wasser im Verhältnis 1:10 besprühen.

ZIEL DER WOCHE

....

....

....

AUGUST

8

9

10

11

12

13

14

AUFGABEN

AUSSAAT

ERNTE

BLÜTE

BLUMENZWIEBELN FÜRS FRÜHJAHR PFLANZEN

Wenn Du jetzt Zwiebeln von Frühblühern für den kommenden Frühling pflanzt, diese am besten zuerst auf der Fläche verteilen und dann einpflanzen. Als einfache Faustregel für die Pflanztiefe gilt: eineinhalb bis zweimal so tief wie die Zwiebel groß ist.

ZIEL DER WOCHE

....

....

....

AUGUST

15

16

17

18

19

20

21

AUFGABEN

AUSSAAT

ERNTE

BLÜTE

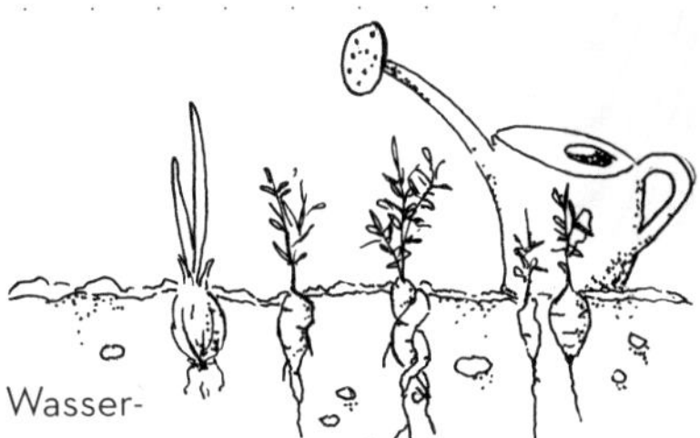

TROCKENSTRESS VERMEIDEN

Wurzelgemüse wie Möhren und Radieschen reagieren empfindlich auf Wassermangel. Bei Trockenheit kommt es zu Wachstumsstockungen der Wurzel (Risse) und die Pflanzen blühen vorzeitig, um die Vermehrung zu sichern. Achte daher gerade in heißen Sommern auf ausreichende und gleichmäßige Bewässerung.

ZIEL DER WOCHE

....

....

....

AUGUST

22

23

24

25

26

27

28

AUFGABEN

AUSSAAT

ERNTE

BLÜTE

BLÜTENENDFÄULE VERMEIDEN

Braune Stellen an der Unterseite von Tomaten weist auf Blütenendfäule hin, die durch Kalziummangel ausgelöst wird. Ein kalziumbetonter Flüssigdünger und eine gute Wasserversorgung schaffen Abhilfe. Die Pflanze erholt sich und entwickelt weitere gesunde Früchte.

ZIEL DER WOCHE

....

....

....

AUGUST

29

30

31

DER GARTEN HAT URLAUB

- Pflanzen sollten regelmäßig gegossen werden. Das erledigt entweder eine automatische Bewässerung oder Du bittest Freunde oder Nachbarn um Hilfe. Oft findet sich jemand, der Lust hat, den Garten zu gießen. Offene Stellen im Gemüsebeet mulchen, das verhindert Austrocknung und spart Zeit beim Gießen.
- Ernte und verarbeite reifes Obst und Gemüse, damit es nicht während Deiner Abwesenheit an der Pflanze verdirbt. Ermuntere auch den Gartensitter, gelegentlich zu ernten. Gerade Erbsen und Bohnen sollten regelmäßig durchgepflückt werden, damit sich weiterhin Blüten und aus diesen Schoten bilden.
- Die Menge an unerwünschten Wildkräutern vor der Abreise eindämmen. So kannst Du verhindern, dass sie während Deiner Abwesenheit blühen und sich dadurch großflächig vermehren.
- Den Rasen kurz vor der Abfahrt mähen und ausgiebig wässern. So übersteht er ein paar Wochen ohne viel Pflege.

ROSEN-KNOW-HOW

Rosen gehören zu den Gartenpflanzen, um die sich viele Mythen ranken. Wichtig zu wissen: Es gibt eher klein bleibende Beetrosen sowie Kletterrosen, die sehr lange Ruten bilden und hoch hinauswollen.

Rosensorten auswählen

Neben der Größe, Wüchsigkeit und Blütenfarbe kannst Du darauf achten, ob sie mehrfach blühen (sogenannte remontierende Rosen), gefüllte oder offene Blüten haben, ob sich Hagebutten bilden, wie stachelig die Triebe sind und ob die Sorte duftet. All das ist für gewöhnlich auf dem Pflanzenetikett vermerkt. Rosen mit dem ADR-Siegel sind zusätzlich auf Blattgesundheit geprüft.

Rosen pflegen

Zur Forsythienblüte schneide ich meine Rosen zurück und dünge mit organischem Rosendünger, aber auch Pferdemist ist gut geeignet. Wer eine Nachblüte wünscht, putzt Verblühtes regelmäßig aus, für reichen Hagebuttenbehang aber mindestens die zweite Blütengeneration stehen lassen. Falls Pilzkrankheiten wie Rosenrost oder Sternrußtau auftreten: krankes Laub entfernen und in den Restmüll geben. Ab August auf stickstoffbetonte Dünger verzichten, da frische Triebe ggf. vor den kalten Wintermonaten nicht mehr rechtzeitig ausreifen.
Die meisten Rosen sind veredelt (außer Wildrosen und naturnahe Rosen) – im Winter eine Schwachstelle für die Pflanzen. Im Spätherbst deshalb zur Isolierung etwa 15 bis 20 cm dick mit Erde anhäufeln und mit Reisig abdecken oder mit anfallenden Blättern „einlauben“. Bei Rosenhochstämmchen kann man die Veredelungsstelle (unterhalb vom Kronenansatz) mit Vlies oder Jute umwickeln.
Da Rosen sehr tief wurzeln, ist es schwierig, sie umzupflanzen. An Plätzen, an denen längere Zeit Rosen standen, nachfolgend besser etwas anderes pflanzen, um „Rosenmüdigkeit“ zu vermeiden. Das gilt auch für andere Vertreter aus der Familie der Rosengewächse, beispielsweise Erdbeeren.

AUGUST RÜCKBLICK

WIE WAR DAS WETTER?

WAS HAT GEBLÜHT?

WAS HABE ICH GEERNTET?

ERFOLGSERLEBNISSE

WAS HAT NICHT SO GUT GEKLAPPT?

TIPPS FÜR NÄCHSTES JAHR

SEPTEMBER

GARTENAUFGABEN

Allgemeines
- Kompost anlegen
- Hochbeet bauen und füllen

Vegetative Vermehrung
- ältere Stauden ggf. teilen und umpflanzen
- Kräuter teilen (z. B. Pfefferminze, Schnittlauch, Estragon, Zitronenmelisse)
- Rhabarber teilen

Pflanzenschutz
- Leimringe gegen Frostspannerraupen anbringen
- Reste von Kohlpflanzen mit Kohlhernie in den Hausmüll geben
- Fallobst aufsammeln

Ziergarten
- Rasen bis Ende des Monats noch regelmäßig mähen
- Blumenwiese abmähen
- Staudenbeet anlegen
- früh blühende Zwiebelblumen pflanzen
- Rosen pflanzen
- letzte Möglichkeit für kalibetonte Düngergabe bei Gehölzen

Nutzgarten
- Haupttrieb von Tomaten kappen
- Rosenkohlpflanzen um 3 bis 5 cm einkürzen

Direktsaat im Freiland
- Winterroggen als Gründüngung, die im März untergeharkt wird

PROJEKTE

SEPTEMBER

1

2

3

4

5

6

7

AUFGABEN

AUSSAAT

ERNTE

BLÜTE

SOLANIN

Grüne Teile von Nachtschattengewächsen wie Tomaten und Kartoffeln enthalten das leicht giftige und leider hitzebeständige Solanin. Bei Tomaten wartet man bis sie rot ausgereift sind oder lässt grüne Früchte im Haus nachreifen. Kartoffeln häufelt man an oder bedeckt sie mit Stroh, da sich grüne Stellen vor allem durch Lichteinstrahlung bilden.

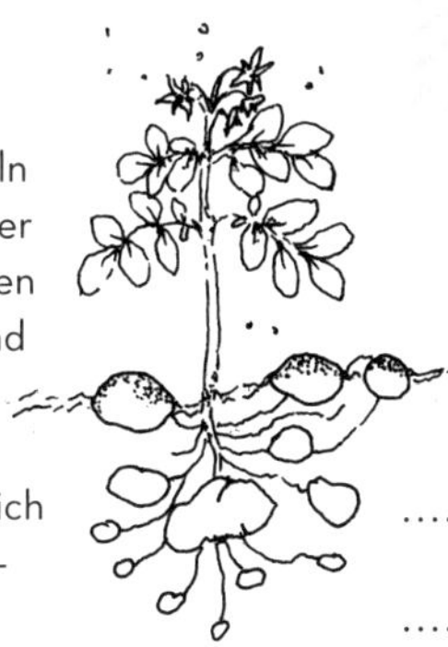

ZIEL DER WOCHE

....

....

....

SEPTEMBER

8

9

10

11

12

13

14

AUFGABEN

AUSSAAT

ERNTE

BLÜTE

URGESTEINSMEHL

Es wird durch das Zermahlen von Vulkangestein hergestellt und enthält viele Mikronährstoffe, aber kaum Stickstoff, Phosphor oder Kalium. Es aktiviert das Bodenleben und dient als natürlicher Geruchsbinder, z. B. für Pflanzenjauchen oder als Zugabe zum Kompost.

ZIEL DER WOCHE

....

....

....

SEPTEMBER

15

16

17

18

19

20

21

AUFGABEN

AUSSAAT

ERNTE

BLÜTE

BLÜTEN UND FRUCHTSTÄNDE TROCKNEN

Während man von Rosen, Strandflieder oder Strohblumen die (halb geöffneten) Blüten schneidet und trocknet, gibt es einige Blumen wie Mohn oder Jungfer im Grünen, bei denen sich vor allem die reifen Fruchtstände als schöne und haltbare Dekoration eignen.

ZIEL DER WOCHE

....

....

....

SEPTEMBER

22

23

24

25

26

27

28

AUFGABEN

AUSSAAT

ERNTE

BLÜTE

UNPERFEKTE ÄPFEL VERWERTEN

Nur unversehrtes Obst und Gemüse ist lange lagerfähig. Äpfel mit Druckstellen oder Wurmbefall müssen jedoch nicht entsorgt werden. Man kann die Stellen wegschneiden, gutes Fruchtfleisch zu Apfelmus verarbeiten oder klein würfeln und im Backofen zu Apfelknusper trocknen.

ZIEL DER WOCHE

....

....

....

SEPTEMBER

29

30

PFLEGELEICHTE BEETE

- Standortgerechte Pflanzen (Boden, Sonne, Klima) wachsen deutlich besser und brauchen weniger Pflege.
- Bei der Auswahl nicht nur auf die Pflanzenart, sondern auch auf die Sorte achten, da diese mitunter ganz unterschiedlich aussieht. Gute Beispiele für die teilweise enorme Sortenvielfalt sind Dahlien, aber auch Tulpen, Storchschnabel oder Nelkenwurz.
- Ein Beet ist lebendig und die Gestaltung nicht in Stein gemeißelt! Traut Euch daher nach Lust und Laune zu ergänzen oder Beete nach einigen Jahren komplett neu zu mischen.
- Mindestens einmal pro Saison ein Übersichtsfoto der Beete aufnehmen! Man vergisst über den Winter gerne, was wo wächst und vermeidet so, bereits bestehende Kombinationen im nächsten Frühling zu „überpflanzen".
- Unerwünschte Wildkräuter auf offenen Flächen kannst Du durch schnell wachsende Bodendecker oder eine Mulchschicht vermeiden. Die Beetfläche vor dem Mulchen ggf. dünn mit Hornspänen (als organischen Langzeitdünger) bestreuen.
- Am besten gleich bei der Pflanzung einen Tropfschlauch als (automatische) Bewässerung zwischen die Pflanzen legen.

STAUDEN-KNOW-HOW

Man unterscheidet bei Blumen zwischen Zwiebel- und Knollenblumen, ein-, zwei- und mehrjährigen Blumen sowie Stauden. Im Gegensatz zu einjährigen Sommerblumen überdauern die Wurzeln von Stauden im Boden und treiben jedes Jahr neu aus, Laub und Blüten einiger Stauden erfrieren bei (starkem) Frost aber auch.

Mit Stauden gestalten

Ein Beetplan hilft in jedem Fall bei der Gestaltung! Frage Dich vorab: Wie groß werden die Pflanzen? Wann und in welcher Farbe blühen sie? Welcher Boden passt? Mögen sie lieber Sonne oder Schatten? Wenn Du verschiedene Blühzeitpunkte kombinierst, gibt es von Februar bis November etwas zu gucken. Einige Arten bezaubern mit wunderschönem Laub durch Form, Textur und Muster. Du kannst Ähnliches kombinieren oder mit Kontrasten spielen. Höhere Stauden weiter hinten platzieren, damit flachere nicht verdeckt werden. Alternativ einzelne Pflanzen in regelmäßigem Rhythmus durchmischen. Das wirkt besonders gut, wenn sich höhere und niedrigere Pflanzen abwechseln. Wenn es schnell schön aussehen soll, vorkultivierte Pflanzen im belaubten bzw. blühenden Zustand pflanzen. Zwiebelblumen im Topf füllen kahle Stellen im Beet. „Parke" sie später in einer unscheinbaren Ecke bis das Laub welk ist.

Stauden einpflanzen und teilen

Erst alle Pflanzen auf der Fläche verteilen, dabei mit den schönsten und größten Exemplaren beginnen, dann den Rest platzieren. Nichts einpflanzen, bevor alles richtig steht, damit Du ggf. noch umarrangieren kannst. Profis setzen die Pflanzen oft in einer Dreiecksform, um den Platz optimal zu nutzen. Die Blühfreude älterer Stauden kannst Du durch Teilung anregen, wobei man im Frühjahr blühende Arten am besten im Herbst und sommer- und herbstblühende Stauden im Frühjahr vor oder bei beginnendem Neuaustrieb teilt. Die Pflanze dazu ausgraben und je nach Wurzelgeflecht mit einer Grabegabel oder einem scharfen Spaten in kleinere Stücke teilen und neu einpflanzen.

SEPTEMBER RÜCKBLICK

WIE WAR DAS WETTER?

WAS HAT GEBLÜHT?

WAS HABE ICH GEERNTET?

ERFOLGSERLEBNISSE

WAS HAT NICHT SO GUT GEKLAPPT?

TIPPS FÜR NÄCHSTES JAHR

OKTOBER

GARTENAUFGABEN

Allgemeines
- Frühbeet als Spätbeet wieder aufstellen und weiter nutzen
- Hauptpflanzzeit für wurzelnackte Bäume und Sträucher
- bei Trockenheit bestehende Pflanzung durchdringend wässern
- Kübelpflanzen mit Winterschutz versehen
- Ollas aus den Beeten nehmen und einlagern
- Laubhaufen für Igel aufschichten
- Nistkästen reinigen

Pflanzenschutz
- Fallobst aufsammeln

Ziergarten
- empfindliche Stauden mit Laub abdecken
- kälteempfindliche Knollen ausgraben und frostfrei überwintern
- Rasen von Laub befreien
- Hecken schneiden und ggf. verjüngen

Nutzgarten
- kälteempfindliches Fruchtgemüse Ende des Monats komplett abernten, grüne Tomaten im Haus nachreifen lassen
- Blatt- und Kohlgemüse ernten
- reife Kürbisse erkennt man am holzigen Stiel
- Wurzelgemüse bis zum Ende des Monats im Beet lassen
- leichte Böden nur harken, schwere ggf. umgraben
- abgeräumte Beete mit Laub abdecken
- Rosmarin und Salbei mit Reisig gegen Frost schützen
- junge Beerensträucher mit Winterschutz versehen

PROJEKTE

OKTOBER

1

2

3

4

5

6

7

AUFGABEN

AUSSAAT

ERNTE

BLÜTE

BEETE MIT LAUB ABDECKEN

Abgeerntete Gemüsebeete mit Herbstlaub abdecken. Blätter mit viel Gerbsäure (Eiche, Kastanie oder Walnuss) verrotten nur sehr langsam und können den Boden sauer machen. Blätter von Obstbäumen, Buche und Ahorn zersetzen sich dagegen schnell und bereiten Regenwürmern zusätzlich ein Festessen. Tipp: Einzelne Blätter auf dem Rasen mit dem Rasenmäher aufsammeln.

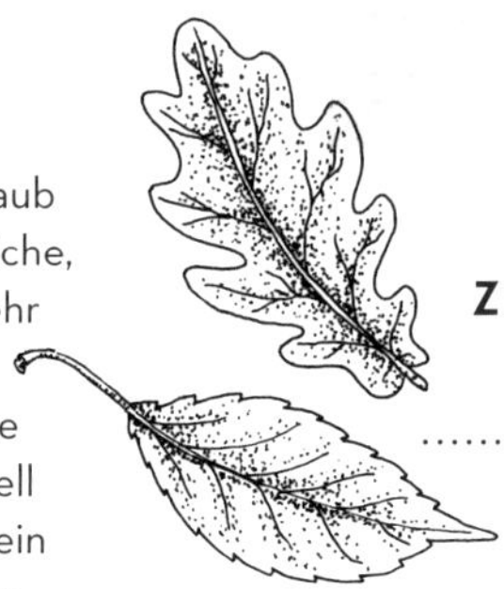

ZIEL DER WOCHE

....

....

....

OKTOBER

8

9

10

11

12

13

14

AUFGABEN

AUSSAAT

ERNTE

BLÜTE

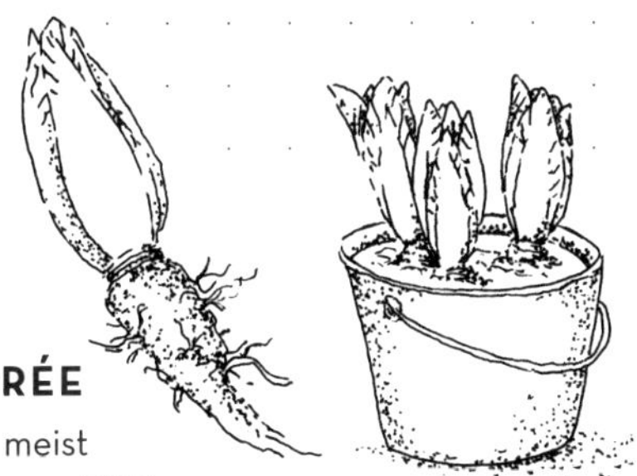

RADICCHIO UND CHICORÉE

Radicchio ist ein meist bitterer Salat, dessen Blätter sich bei Kälte rot färben. Für Chicorée wird die Wurzel dieser Pflanze ausgegraben, in Töpfe gepflanzt und dunkel abgedeckt. Der entstehende helle Austrieb wird nach einiger Zeit geerntet und als Chicorée bezeichnet.

ZIEL DER WOCHE

....

....

....

OKTOBER

15

16

17

18

19

20

21

AUFGABEN

AUSSAAT

ERNTE

BLÜTE

BLUMENTOPF MIT ÜBERRASCHUNG

Wenn Du bei der herbstlichen Bepflanzung von Blumentöpfen oder Balkonkästen einige Blumenzwiebeln von Frühblühern (z. B. Schneeglöckchen, Krokusse, Narzissen) mit hineingibst, beginnen diese im Frühjahr als bunte Überraschung aus der Erde zu spitzen.

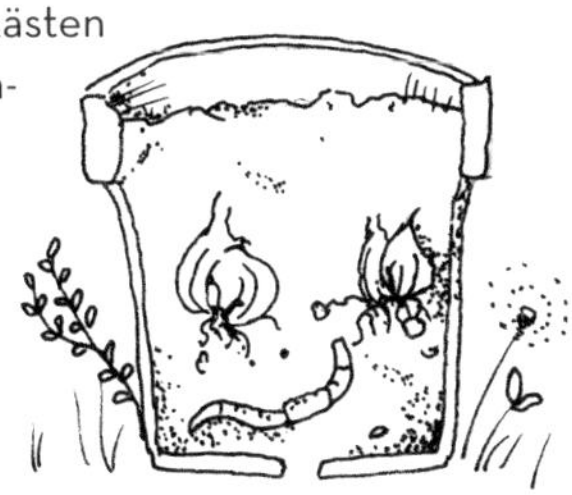

ZIEL DER WOCHE

....

....

....

OKTOBER

22

23

24

25

26

27

28

AUFGABEN

AUSSAAT

ERNTE

BLÜTE

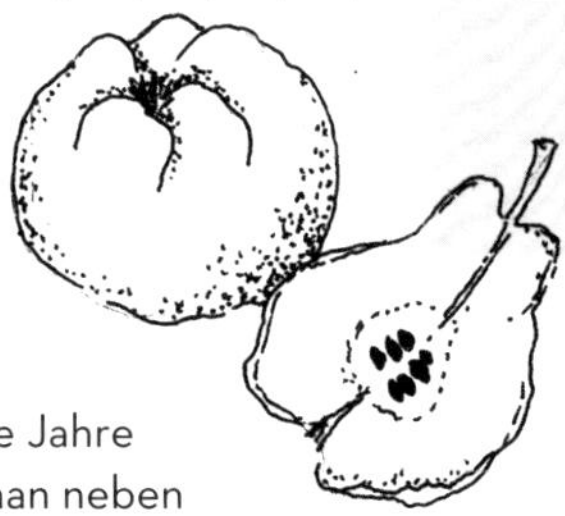

QUITTEN ALS RAUMDUFT

Quittenbäume brauchen zwar einige Jahre bis sie Früchte tragen, dafür kann man neben dem Klassiker Quittengelee noch andere Dinge aus ihnen machen, wie Kompott (z. B. mit Sternanis und Kardamom) und Fruchtleder. Tipp: Lege einige Exemplare in eine Schale und genieße den wunderbaren Duft!

ZIEL DER WOCHE

OKTOBER

29

30

31

WINTERFAHRPLAN

- wasserführende Bauteile entleeren und ggf. einlagern
- Gartenmöbel abdecken oder unterstellen, da dauerhafte Feuchtigkeit selbst unempfindlichere Oberflächen angreifen kann
- beschädigte Gartengeräte zur Reparatur bereitlegen
- Nutz- und Ziergarten abschließend jäten und winterfest machen
- Dach und Regenrinne von Gartenhäuschen kontrollieren und ggf. reinigen oder reparieren
- Elektrogeräte vom Netz nehmen
- Flüssigkeiten, Farben und Lasuren frostfrei lagern
- nicht vergessen: Auch Batterien und Akkus von Gartengeräten können bei Minusgraden Schaden nehmen!

WINTERFEST MACHEN

Wasser abstellen

Wenn die Tage kürzer werden, kehrt im Garten Winterruhe ein. Du solltest verhindern, dass irgendwo Wasser einfriert und Leitungen platzen, Außenwasserhähne deshalb vor dem Frost abstellen und entleeren. Regentonnen entleeren und umgedreht lagern. Nicht vergessen, Brunnen- und Teichpumpen außer Betrieb zu nehmen sowie Bewässerungscomputer und Schläuche einzulagern.

Kübelpflanzen und Knollen schützen

Kübelpflanzen einpacken und nahe an die Hauswand rücken. Tropische Pflanzen und Zitrusfrüchte ggf. im beheizten Gewächshaus oder kühlen Zimmer überwintern. In strengen Wintern kann es auch in ungeheizten Garagen oder Lauben Frost geben, daher Dahlienknollen dort nicht lagern.

Schutzschichten mit Laub anlegen

Gartenlaub, besonders von Obstbäumen, ist ein kostbarer Rohstoff. Du kannst damit abgeerntete Gemüsebeete abdecken, Hecken und Sträucher mulchen, es auf den Komposthaufen geben oder einen Laubhaufen für Tiere aufschichten.

Weitere Gartenarbeiten

Im Spätherbst den Rasen ein letztes Mal trimmen, sehr lange Halme werden sonst durch Schnee und Eis zusammengedrückt und treiben im Folgejahr weniger kräftig aus. Den Rasen möglichst laubfrei halten. Falls Du einen Teich hast, mit einem Netz überspannen oder hineingefallene Blätter regelmäßig herausfischen. Auch Hecken dürfen ab Ende Oktober wieder stärker zurückgeschnitten oder gefällt werden. Erledige das am besten, bevor Igel & Co. in die Winterruhe gehen, damit Du diese nicht störst. In Phasen mit starken Niederschlägen die Kompostecke mit einer Plane abdecken, um Fäulnis zu vermeiden. Ich siebe jetzt reifen Kompost, denn in kühleren Gegenden tauen Komposthaufen oft erst Mitte April wieder richtig auf. Das „schwarze Gold" direkt ausbringen oder in einem Behälter bis zum Frühling lagern.

OKTOBER RÜCKBLICK

WIE WAR DAS WETTER?

WAS HAT GEBLÜHT?

WAS HABE ICH GEERNTET?

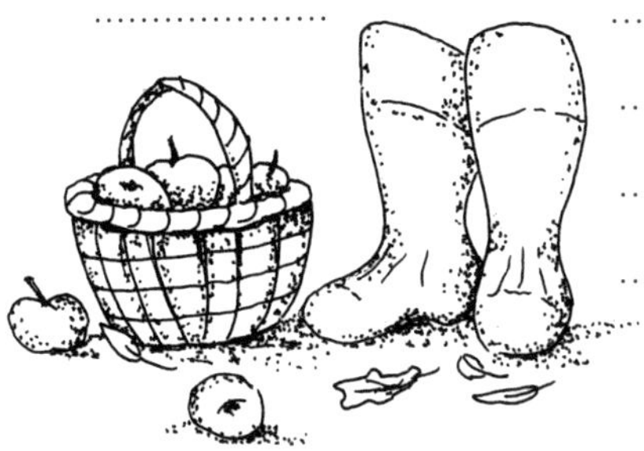

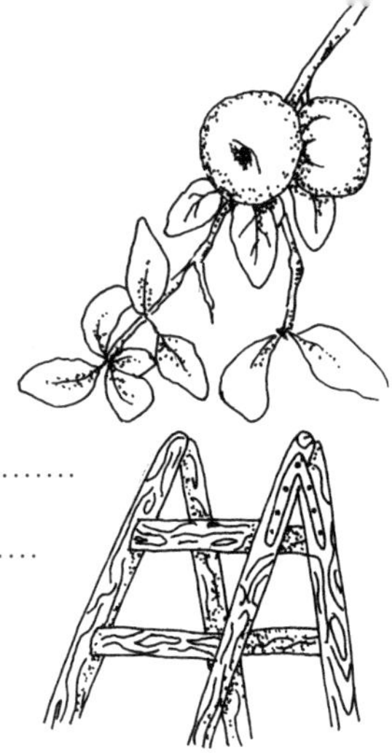

ERFOLGSERLEBNISSE

WAS HAT NICHT SO GUT GEKLAPPT?

TIPPS FÜR NÄCHSTES JAHR

MEIN HERBST GARTEN

NOVEMBER

GARTENAUFGABEN

Allgemeines

- Wasser vor dem ersten Frost abstellen und Schläuche einlagern
- Grün- und Heckenschnitt häckseln und kompostieren
- letzte Bäume, Sträucher oder Rosen pflanzen
- stark verunkrautete Beete mit dicker Pappe abdecken
- Kübelpflanzen im Winterquartier regelmäßig gießen
- Geschenke aus getrockneten Blüten oder Kräutern herstellen

Pflanzenschutz

- Fruchtmumien entfernen und über die Mülltonne entsorgen
- Johannisbeergallmilbe: befallene Knospen ablesen und vernichten

Ziergarten

- Formschnitt an sommergrünen Sträuchern
- Winterschutz für immergrüne Stauden und Pampasgras

Nutzgarten

- Wintergemüse ernten und ggf. einlagern
- Ernterückstände vom Beet abräumen und kompostieren
- abgestorbenen Gründünger ins Beet einarbeiten
- mehrjähriges Gemüse wie Artischocken abdecken
- Weinreben anhäufeln

PROJEKTE

NOVEMBER

1

2

3

4

5

6

7

AUFGABEN

AUSSAAT

ERNTE

BLÜTE

ERNTE EINLAGERN

Obst und Gemüse lagert man besser nicht zusammen oder nur mit viel Abstand. Da einige Obstarten (z. B. Äpfel) das Reifegas Ethylen freisetzen, könnten empfindliche Gemüse wie Kohl verderben oder Kartoffeln vorzeitig keimen. Praktisch jedoch zum Nachreifen von grünen Tomaten im Haus: Die Beigabe eines Apfels beschleunigt die Reifung.

ZIEL DER WOCHE

....

....

....

NOVEMBER

8

9

10

11

12

13

14

AUFGABEN

AUSSAAT

ERNTE

BLÜTE

INSEKTENFREUNDLICHE WINTERBLÜHER

Auch für die kalte Jahreszeit gibt es tolle blühende Pflanzen wie Christrose, Winterjasmin, Seidelbast, Winterschneeball, Besenheide oder Zaubernuss. Sie machen eine gute Figur in der Vase, nützen draußen vor allem aber auch Insekten als Nektarpflanzen.

ZIEL DER WOCHE

....

....

....

NOVEMBER

15

16

17

18

19

20

21

AUFGABEN

AUSSAAT

ERNTE

BLÜTE

HOHE GRÄSER ZUSAMMENBINDEN

Viele Zierpflanzen sollte man über den Winter stehen lassen und erst im Frühling zurückschneiden. Hohe Gräser bindest Du am besten mit einer Schnur zusammen, da sie sonst bei starkem Regen auseinanderfallen oder sich bei lang anhaltenden Niederschlägen sogar Fäulnis bilden könnte.

ZIEL DER WOCHE

NOVEMBER

22

23

24

25

26

27

28

AUFGABEN

AUSSAAT

ERNTE

BLÜTE

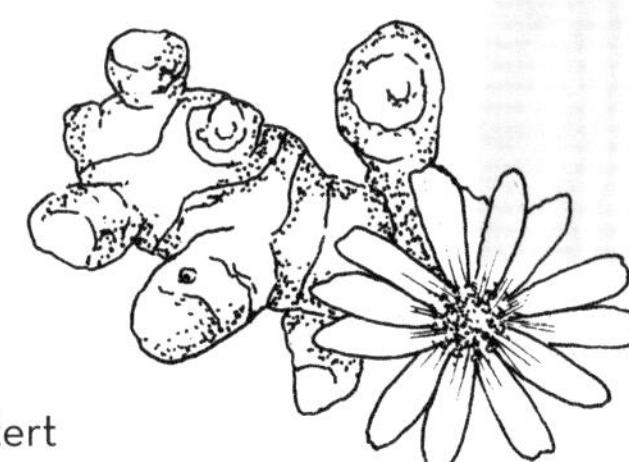

TOPINAMBUR BEI BEDARF ERNTEN

Topinambur kann im Gegensatz zu anderen Knollen nicht lange eingelagert werden und überwintert daher problemlos direkt im Gartenbeet. An frostfreien Tagen kannst Du nach Bedarf einfach ernten. Kultiviere die Pflanze idealerweise in einer Kiste oder im Kübel, da sie zu starker Ausbreitung neigt und Du sie sonst sehr schlecht wieder los wirst.

ZIEL DER WOCHE

....

....

....

NOVEMBER

29

30

Saatgut aus Deinem Garten kannst Du toll zu Weihnachten verschenken oder sogar einen Saatgut-Adventskalender damit basteln.

Anleitung

Suche aus Deinem Saatgut-Bestand dafür 24 Blumen- und/oder Gemüsesorten heraus und fülle sie in Tütchen aus Kraftpapier. Vergiss nicht, einen kleinen Zettel mit Infos zu den Pflanzen beizulegen. Wenn Du handwerklich geschickt bist, kannst Du die Samen auch mit der Nähmaschine in Packpapier einnähen. Klebe nun Zahlen auf die Tütchen oder bedrucke sie mit Stempelzahlen und fädle alles auf eine hübsche Schnur oder knote die Tütchen an einen Kleiderbügel.

LEBENSRAUM FÜR TIERE

Spielregeln für tierfreundliche Gärten
Kein Gift ausbringen, nicht zu ordentlich gärtnern, Stauden im Herbst nicht zurückschneiden und eine Wildblumenwiese mit heimischen Pflanzen anlegen. Du kannst aber noch mehr tun, um zur Erhaltung der Artenvielfalt beizutragen und nebenbei die Ansiedlung von Nützlingen zu fördern: auch im Frühling und Herbst Nektarpflanzen mit ungefüllten Blüten anbieten und dafür sorgen, dass Tiere Wasser finden – im Gartenteich oder einer Schale mit Steinen als Landeplatz.

Geheimwaffe „Wilde Ecke“
Sie sollte aus meiner Sicht in keinem naturnahen Garten fehlen. Meine beherbergt eine Trockenmauer, einen Totholzhaufen sowie eine kleine Wiese mit Wildkräutern. Moose, Flechten und Pilze gesellen sich dazu. Diese 20 qm bieten Lebensraum für Eidechsen, Spinnen, Käfer, Wildbienen und andere Insekten. Wer Wert auf Ordnung legt, kann alternativ ein Insektenhotel bauen oder Blumentöpfe mit Holzwolle ausstopfen.

Vögel anlocken
Achte bei Ganzjahresfütterung auf geeignetes Futter und Sauberkeit oder sorge für natürliche Nahrungsquellen auch im Winter. In meinem Garten gibt es zudem eine Vielfalt an Insekten und ungestörte Nistplätze.

Insekten, Falter und Kleinstlebewesen
Neben Nektarquellen benötigen Schmetterlinge oft bestimmte Futterpflanzen im Raupenstadium. Besonders wertvoll sind hier z. B. Fenchel oder Brennnesseln.

Igel
Einer der zuverlässigsten Helfer gegen Schnecken. Du kannst ein Igelhaus aufstellen oder in einer ungestörten Ecke einen Haufen aus Reisig und Laub liegen lassen.

Regenwürmer
Mittlerweile gibt es Anbieter, die Kompostwürmer verkaufen. Gib lieber einfach regelmäßig Laub, Fallobst und Kaffeesatz auf den Kompost, dann kommen sie ganz von selbst.

NOVEMBER RÜCKBLICK

WIE WAR DAS WETTER?

....

....

....

....

....

....

WAS HAT GEBLÜHT?

....

....

....

....

....

....

WAS HABE ICH GEERNTET?

....

....

....

....

....

....

ERFOLGSERLEBNISSE

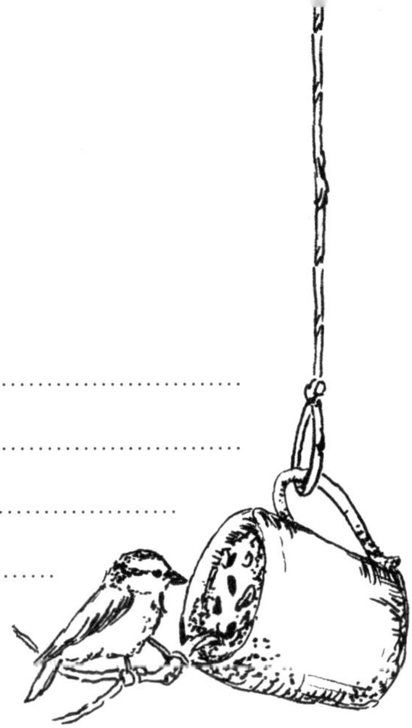

WAS HAT NICHT SO GUT GEKLAPPT?

TIPPS FÜR NÄCHSTES JAHR

DEZEMBER

GARTENAUFGABEN

Allgemeines
- Bäume an frostfreien Tagen schneiden
- Gartenwerkzeuge säubern und ggf. reparieren
- Tiere füttern
- Barbarazweige schneiden
- Gartenfotos sortieren
- Gartenpläne schmieden

Pflanzenschutz
- im Winterquartier regelmäßig nach dem Rechten sehen

Ziergarten
- Rasen bei Frost möglichst nicht betreten
- immergrüne Gehölze regelmäßig gießen

Nutzgarten
- Wintergemüse ernten
- Feldsalat ggf. mit Vlies abdecken
- Erdbeeren bei Starkfrost abdecken

PROJEKTE

DEZEMBER

1

2

3

4

5

6

7

AUFGABEN

AUSSAAT

ERNTE

BLÜTE

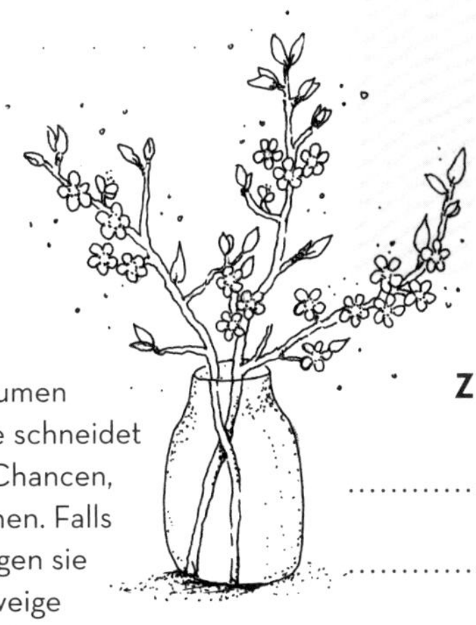

BARBARAZWEIGE SCHNEIDEN

Am 4.12. ist der Tag der „Heiligen Barbara". Wer an diesem Tag Zweige von Obstbäumen wie Apfel, Kirsche oder Pflaume schneidet und in die Vase stellt, hat gute Chancen, dass diese zu Weihnachten blühen. Falls der Winter sehr mild ist, benötigen sie ggf. einen Kältereiz. Lege die Zweige dazu für 24 Stunden ins Tiefkühlfach.

ZIEL DER WOCHE

....

....

....

DEZEMBER

8

9

10

11

12

13

14

AUFGABEN

AUSSAAT

ERNTE

BLÜTE

DIE BESTEN GARTENGERÄTE

Man braucht weniger als man vielleicht denkt. Neben einer scharfen Gartenschere, Handschaufel, Rechen, Schlauch und Schubkarre nutze ich eine Spatenschaufel (wie der Name schon sagt, eine Mischung aus Schaufel und Spaten) sowie ein japanisches Gärtnermesser, das sich Hori-Hori nennt. Beide Werkzeuge sind sehr vielseitig und sparen mehrere andere Geräte ein.

ZIEL DER WOCHE

DEZEMBER

15

16

17

18

19

20

21

AUFGABEN

AUSSAAT

ERNTE

BLÜTE

KÜBELPFLANZEN MIT SCHNEE GIESSEN

Kübelpflanzen sollte man auch im Winter gießen, damit sie nicht vertrocknen. In Jahren mit viel Schnee kann man diesen nutzen und einige Hände voll auf die Erde des Kübels geben. Neben der Abgabe von Feuchtigkeit dient er zusätzlich als Isolierung, damit die Pflanzenwurzeln nicht einfrieren.

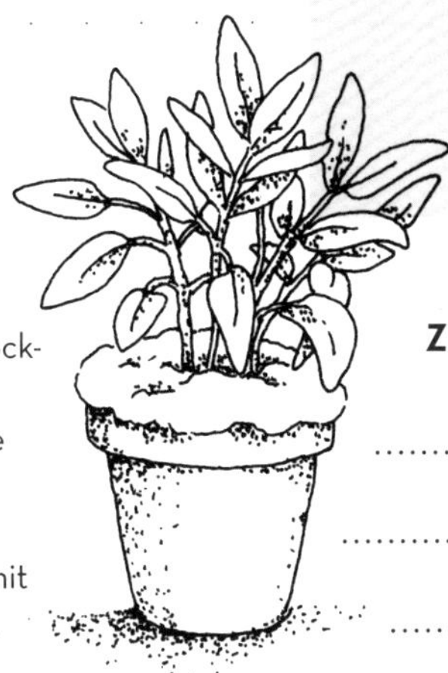

ZIEL DER WOCHE

DEZEMBER

22

23

24

25

26

27

28

AUFGABEN

AUSSAAT

ERNTE

BLÜTE

BAUMSCHNITT ALS STAUDENSTÜTZEN AUFHEBEN

Das Schnittgut vom Baumschnitt kannst Du nicht nur zerkleinern und kompostieren, sondern auch aufbewahren und im folgenden Gartenjahr als Staudenstützen oder Rankhilfen für Erbsen und Bohnen weiterverwenden.

ZIEL DER WOCHE

DEZEMBER

29

30

31

GESCHENKIDEEN

- scharfe Gartenschere
- Schleifstein und Öl
- Schaufelspaten
- Hori-Hori (japanisches Gärtnermesser)
- Schneidgiraffe (Teleskop-Astschere)
- Gießstab
- Gitterkorb zum Ernten
- Unkrautstecher
- Gartenkurs, z. B. Baumschnitt
- Jäte-Telefon
- selbst gemachte Saatbänder
- Gutschein für Nützlinge

BAUMSCHNITT-KNOW-HOW

Warum schneiden wir Obstbäume?
Damit alle Früchte gut ausreifen, sollte im Tagesverlauf überall im Baum Sonne ankommen. Daher ist es wichtig, durch Auslichten für eine luftige Baumkrone zu sorgen. Ein alter Gärtnerspruch bringt es ziemlich gut auf den Punkt: „Ein Hut muss durch den Baum fliegen können.“ Frage Dich daher vor dem Start: Wie vital ist der Baum? Hat er letztes Jahr gut ausgetrieben? Gibt es verdorrte Äste? Sind Risse oder Krankheiten zu sehen?

Baumschnitt-Prinzipien
Ziel des Baumes ist es, nach oben zum Licht zu wachsen. Arbeite beim Schneiden nicht zu radikal dagegen an. Jeder Schnitt ist eine Wunde, daher kann es besser sein, einen kompletten Ast wegzunehmen, als an ihm zehn kleine Schnitte zu machen. Vermeide Wunden mit über 5 cm Durchmesser, da sie nur schwer heilen. Äste, die in ein paar Jahren im Weg sind, deshalb gleich entfernen, statt sie dicker werden zu lassen. Hilfreich ist eine zweite Person für den Blick von außen. Arbeite von oben nach unten und von innen zum Rand. Entferne pro Jahr maximal 30 % der Äste und Blattmasse. Zum Abschätzen das Schnittgut auf einem Haufen sammeln. Bitte im Zweifelsfall einen Profi um Hilfe und lasse Dir einiges zeigen.

Wann und wie viel schneiden?
Für den Winterschnitt spricht, dass die kostbaren Reservestoffe eingelagert sind – allerdings verheilen Wunden bei Kälte langsamer! Ein Sommerschnitt ist auch möglich und wird für Steinobst sogar empfohlen. Generell fördert Schneiden im Winter stärkeren Neuaustrieb, während ein Sommerschnitt bremst. Starker Rückschnitt regt viel Neuaustrieb an, sanftes Eingreifen löst nur moderates Wachstum aus. Dadurch kannst Du steuern! Probleme an Bäumen, die lange nicht oder aber radikal geschnitten wurden, lassen sich nicht auf einmal lösen. Mach Dir am besten einen Plan für mehrere Jahre und setze jedes Jahr einen Teil um – zwischendurch beobachten und notieren, wie der Baum reagiert.

DEZEMBER RÜCKBLICK

WIE WAR DAS WETTER?

WAS HAT GEBLÜHT?

WAS HABE ICH GEERNTET?

ERFOLGSERLEBNISSE

WAS HAT NICHT SO GUT GEKLAPPT?

TIPPS FÜR NÄCHSTES JAHR

BEZUGSQUELLEN

Saatgut
- Bingenheimer Saatgut
  www.bingenheimersaatgut.de
- Hauptstadtgarten
  www.hauptstadtgarten.de/shop
- Magic Garden Seeds
  www.magicgardenseeds.de

Kartoffeln
- Biogartenversand Jeebel
  www.biogartenversand.de

Blumenzwiebeln
- Jora Dahl
  joradahl.de
- Bulbi
  www.bulbi.nl

Rosen
- Kordes Rosen
  www.kordes-rosen.com
- Bioland-Rosenschule Ruf
  www.rosenschule-ruf.de
- Rosen Tantau
  www.rosen-tantau.com

Baumschulen
- Bioland Baumschule & Obstgarten
  www.hoffmann-obstbaumschule.de
- Bioland Baumschule Wetzel
  www.biolandbaumschule.de

Stauden
- Baumschule Horstmann
  www.baumschule-horstmann.de
- Gräfin Zeppelin
  www.graefin-von-zeppelin.de
- Staudengärtnerei Gaißmayer
  www.gaissmayer.de
- Deutschlandkarte mit lokalen Gärtnereien
  www.hauptstadtgarten.de/gaertnereien

Nützlinge
- Biologische Beratung
  www.biologische-beratung.de
- Katz Biotech
  www.katzbiotechservices.de
- Wurmwelten
  www.wurmwelten.de

Obst, Gemüse, Kräuter
- Lubera
  www.lubera.com
- Kräuter- und Staudengärtnerei Mann
  www.staudenmann.de
- Rühlemann's
  www.kraeuter-und-duftpflanzen.de

Schöne Gartengeräte
- Manufactum
  www.manufactum.de
- The golden Rabbit
  www.golden-rabbit.de

IMPRESSUM

BILDNACHWEIS

Alle Farbfotos wurden von Carolin Engwert für dieses Buch aufgenommen.
Alle Illustrationen wurden von Lisana Hartl für dieses Buch gezeichnet.

IMPRESSUM

Umschlaggestaltung von Carolin Engwert unter Verwendung von Illustrationen von Lisana Hartl sowie einem Farbfoto von Carolin Engwert.

Unser gesamtes Programm finden Sie unter **kosmos.de**.
Über Neuigkeiten informieren Sie regelmäßig unsere Newsletter, einfach anmelden unter **kosmos.de/newsletter**

Gedruckt auf chlorfrei gebleichtem Papier

MIX
Papier aus verantwortungsvollen Quellen
FSC
www.fsc.org
FSC® C043106

2021, Franckh-Kosmos Verlags-GmbH & Co KG
Pfizerstraße 5-7, 70184 Stuttgart

ISBN 978-3-440-17310-7

Projektleitung: Birgit Grimm
Redaktion: Birgit Grimm
Gestaltungskonzept: Carolin Engwert
Gestaltung und Satz: Carolin Engwert
Produktion: Klaus Jost
Druck und Bindung:
Grafisches Centrum Cuno GmbH & Co. KG
Printed in Germany / Imprimé en Allemagne

Auf **HAUPTSTADTGARTEN.DE**

berichtet Carolin Engwert über Schönes und Kurioses aus ihrem Berliner Schrebergarten und gibt jede Menge konkrete Tipps. Aber was wäre ein Gartenblog ohne DIY-Ideen und Rezepte? Deshalb teilt sie dort neben tollen Bastelprojekten auch ihre liebsten Gemüsegerichte, Kuchenrezepte und detaillierte Infos zum Haltbarmachen. In ihrer monatlichen Gartenpost findet Ihr jeweils saisonale Tipps, aber auch neue Produkte aus ihrem Shop und andere Inspirationen aus der grünen Community. Anmelden könnt Ihr Euch kostenlos: www.hauptstadtgarten.de/gartenpost

hauptstadtgarten

Auf **WILDEGARTENKUECHE.DE**

berichtet Lisana Hartl über ihre Erfahrungen aus dem wilden Naturgarten und der frischen Gemüseküche, denn es gibt für sie kaum etwas Schöneres, als mit dem eigenen Gemüse oder Obst zu kochen und backen – also direkt „vom Garten auf den Teller". So findet Ihr hier neben Rezeptideen auch nachhaltige Gartentipps und DIYs, um gemeinsam die Gärten und Balkone zum Blühen zu bringen und einen Ort zu schaffen, an dem sich Mensch und Tier wohlfühlen.

WILDE Gartenküche